MI EXPERIENCIA *con el* PODER *de la* RESURRECCIÓN

EL ENCUENTRO DIARIO QUE CAMBIA SU VIDA

HENRY Y MELVIN
BLACKABY

EDITORIAL UNILIT

PARA QUE EL MUNDO Sepa

Publicado por
Editorial Unilit
Miami, Fl. 33172
Derechos reservados

Primera edición 2009

Originalmente publicado en inglés con el título:
Experiencing the Resurrection por Henry & Melvin Blackaby.
Publicado por Multnomah Books, un sello de
The Crown Publishing Group, una división de Random House, Inc.
12265 Oracle Boulevard, Suite 200
Colorado Springs, Colorado 80921 USA

Publicado en español con permiso de Multnomah Books, un sello de
The Crown Publishing Group, una división de Random House, Inc.
(This translation published by arrangement with Multnomah Books,
an imprint of The Crown Publishing Group, a divison of Random House, Inc.)

Todos los derechos de publicación con excepción del idioma inglés son contratados
exclusivamente por GLINT, P. O. Box 4060, Ontario, California 91761-1003, USA.
(All non-English rights are contracted through: Gospel Literature International,
PO Box 4060, Ontario, CA 91761-1003, USA.)

Traducción: Dr. Andrés Carrodeguas
Fotografía de la portada: R. Gino Santa Maria / Glenda M. Powers.
Used under license from Shutterstock

Las cursivas en las citas bíblicas son énfasis del autor.
Las citas bíblicas señaladas con DHH se tomaron de *Dios Habla Hoy*, la Biblia en Versión Popular
por la Sociedad Bíblica Americana, Nueva York. Texto © Sociedades Bíblicas Unidas 1966,
1970, 1979.
El texto bíblico señalado con RV-60 ha sido tomado de la versión Reina Valera © 1960
Sociedades Bíblicas en América Latina; © renovado 1988 Sociedades Bíblicas Unidas.
Las citas bíblicas señaladas con LBLA se tomaron de la Santa Biblia, *La Biblia de Las Américas*.
© 1986 por The Lockman Foundation.
Utilizado con permiso.

Producto 495614
ISBN 0-7899-1687-8
ISBN 978-0-7899-1687-7

Impreso en Colombia
Printed in Colombia

Categoría: Vida cristiana/Crecimiento espiritual/General
Category: Christian Living/Spiritual Growth/General

CONTENIDO

Introducción

LA VALIDACIÓN

A fin de conocerle, y el poder de su resurrección...

Filipenses 3:10

En el Evangelio hay un poder que lo puede liberar del poder destructor que tiene el pecado, para llenar su vida con la plenitud de Dios. En ese Evangelio se incluyen la cruz, la resurrección y la venida del Espíritu Santo en el día de Pentecostés. En los tres casos, es igualmente importante que el creyente comprenda estas tres cosas y las viva.

Este libro se centra en el poder de la resurrección como la culminación necesaria de la obra realizada en la cruz. Aunque a lo largo de los tiempos, la cruz ha sido un tema central para los creyentes, sin la resurrección, esa cruz carece de sentido.

Si solo existiera la cruz, el pecado sería el ganador, como señala con claridad el apóstol Pablo:

> Y si Cristo no resucitó, vuestra fe es vana; aún estáis en vuestros pecados. Entonces también los que durmieron en Cristo perecieron. Si en esta vida solamente esperamos en Cristo, somos los más dignos de conmiseración de todos los hombres. (1 Corintios 15:17-19)

La resurrección es prueba de la victoria de Cristo sobre el pecado, y de nuestra esperanza de salvación.

No obstante, la resurrección no es una doctrina a meditar, sino una invitación a experimentar al Cristo vivo en nuestra propia vida. Y esa es la razón de ser de este libro. Si usted no hace suyo todo lo que Dios le ha proporcionado por medio de la resurrección, esta carece de valor para su vida. Queremos que no se limite a adquirir conocimientos acerca de la resurrección; lo que queremos es que *viva* la resurrección en su caminar diario con el Cristo resucitado. Porque la resurrección no es solo un suceso que se produjo en el siglo primero, sino que sigue causando un impacto en las vidas humanas hasta el día de hoy. En realidad, no fue Cristo solamente el que resucitó, sino que si usted está en Él, también usted ha sido resucitado a una nueva vida. Éste es el don de Dios para todos aquellos que pongan su fe en su Hijo.

Sí solo existiera la cruz, el pecado sería el ganador.

Cuando Pablo habla de su relación con Jesucristo, dice que quiere «conocerle, y el poder de su resurrección» (Filipenses 3:10). Este *conocerle* va más allá del simple conocimiento intelectual. Es algo que se vive, y que toca todas y cada una de las partes de la vida.

Si observa la vida del cristiano promedio, verá pocas evidencias, o tal vez ninguna, de este increíble poder de resurrección que levantó a Cristo de entre los muertos. Sin embargo, este es precisamente el poder que está a disposición de todos los que hayan aceptado al Cristo resucitado en su vida como Señor y Salvador.

Piense en el aliento que les da Pablo a los miembros de la iglesia de Éfeso con respecto a este poder de resurrección cuando ora por ellos:

> Para que el Dios de nuestro Señor Jesucristo, el Padre de gloria, os dé espíritu de sabiduría y de revelación en el conocimiento de él, alumbrando los ojos de vuestro entendimiento, para que sepáis cuál es la esperanza a que él os ha llamado, y cuáles las riquezas de la gloria de su herencia en los santos, y cuál la supereminente grandeza de *su poder para con nosotros los que creemos,* según la operación *del poder de su fuerza, la cual operó en Cristo, resucitándole de los muertos* y sentándole a su diestra en los lugares celestiales, sobre todo principado y autoridad y poder y señorío, y sobre todo nombre que se nombra, no solo en este siglo, sino también en el venidero; y sometió todas las cosas bajo sus pies, y lo dio por cabeza sobre todas las cosas a la iglesia, la cual es su cuerpo, la plenitud de Aquel que todo lo llena en todo. (Efesios 1:17-23)

El poder de resurrección que levantó a Cristo de entre los muertos, para después sentarlo a la diestra del Padre y ponerlo por encima de todos los principados y las potestades, es el mismo poder que nos ha sido dado a nosotros. ¿Acaso no debería cambiar nuestra vida esta realidad? ¿Tenemos motivos para tenerle temor a la guerra espiritual? ¿Existe algo que no podamos vencer, si estamos caminando con Cristo?

Preste atención a esto: ¡La batalla ya ha sido ganada! No se crea la mentira de Satanás cuando le diga que tenemos que batallar con él. Limítese a decirle: «¡Tú ya has sido derrotado! Y el mismo poder que te derrotó a ti, es el poder que ahora reside en mi vida». No se deje atrapar por las modas de guerra espiritual que lo mantienen ocupado peleando con Satanás, de manera que no tenga tiempo para seguir a Cristo. ¡La guerra ya terminó! Esta es la expresión práctica de la resurrección, y ha sido puesta a su disposición.

Cuando alguien se hace cristiano, queda situado en una dimensión totalmente diferente, en la cual puede ver lo que no ven los demás. Esto es lo que Jesús les dijo a sus discípulos: «Porque a vosotros os es dado saber los misterios del reino de los cielos; mas a ellos no les es dado» (Mateo 13:11). Si usted ha recibido la capacidad de comprender los misterios de Dios, ¿está utilizando sus sentidos espirituales para detectar la actividad de Dios, o actúa de la misma manera que el mundo, dejando de lado a Dios hasta que necesita que lo saque de alguna crisis? Es necesario que sepa lo que Dios va a hacer, y después realizar cuantas adaptaciones sean necesarias para participar en su actividad redentora.

Por el hecho de ser cristiano, usted es testigo de Cristo: una demostración visible de cuanta verdad ha dicho Dios. Sin embargo, la cultura religiosa en la que vivimos, a lo que nos lleva es a limitarnos a la práctica de una serie de actividades religiosas. Como consecuencia, tenemos una comprensión errónea de nuestra relación con Dios, y nos perdemos la oportunidad de experimentar su poder. Lamentablemente, son muchos los cristianos que están viviendo muy por debajo de su potencial, en la creencia de que nunca dejarán de ser otra cosa más que seres humanos comunes y corrientes. Sin embargo, por ser cristianos, somos hijos de Dios. Si le somos fieles en lo poco, Él nos dará autoridad sobre lo mucho.

Dios le ha dado la oportunidad de funcionar en el ámbito del poder de la resurrección; en un tipo de vida más emocionante que todo cuanto nos podríamos imaginar jamás.

Dios le ha dado la oportunidad de funcionar en el ámbito del poder de la resurrección; en un tipo de vida más emocionante que todo cuanto nos podríamos imaginar jamás. Entonces, ¿qué podría hacer Él en su vida si supiera que usted se le ha entregado por completo? ¿Qué podría hacer en usted, y por medio de usted, si usted creyera que Él *ya* lo ha bendecido con toda bendición espiritual, lo ha libertado del reino de las tinieblas y lo ha sacado de él, y lo ha tomado cuando aún estaba muerto en el pecado para darle una vida plena en Cristo?

¿Está dispuesto a dejar que Él lo utilice?

¿O acaso se contenta con lo ordinario, satisfecho de seguir siendo un ser insignificante?

La Palabra viva

Mientras meditamos en el acontecimiento de la resurrección, y en la influencia que produce actualmente en nuestra propia vida, nos mantendremos muy apegados a las Escrituras. Ellas nos servirán de guía para caminar hacia una comprensión más profunda de lo que Dios ha hecho a favor nuestro. En ellas se encuentra un relato veraz y completo del suceso de la resurrección, y de su aplicación a los creyentes de hoy, que es independiente y superior a todas las limitaciones del tiempo. Cuando usted trate de experimentar el poder de la resurrección en su vida, podrá esperar que la Palabra viva de Dios le revele las riquezas que Dios le ha proporcionado.

Todo lo que usted necesita saber acerca de la resurrección, se encuentra en las Escrituras, y el Espíritu Santo las aplicará de manera directa a su vida. La clave está en no tratar de «descubrir» la verdad, sino en acercarse con un corazón abierto, dentro del cual el Espíritu Santo le pueda *revelar* la verdad. Y es esa verdad la que lo hará libre.

Recuerde esto: el estudio de la resurrección no es un ejercicio de tipo académico. Nuestro enfoque no se halla solamente en la información, sino sobre todo en la aplicación. La fe verdadera no se basa en conocer cosas con respecto a Cristo, sino en experimentarlo en nuestra vida diaria. El conocimiento impersonal, erudito y árido de Dios no nos trae vida alguna. El verdadero conocimiento de Dios *siempre es personal, poderoso* y *transformador de vidas*. Si no está dispuesto a permitir que Cristo realice cambios de importancia en su vida, este libro no es para usted.

El primer paso en este camino es el conocimiento. Usted necesita *conocer* la verdad, y comprender lo que Dios ha hecho en la resurrección.

En segundo lugar, es necesario que usted *crea* que esto es cierto para su propia vida. Al Espíritu Santo le ha sido encomendada la misión de ayudarlo a aceptar esa verdad como real, al testificarle al espíritu de usted que eso que está viendo, es cierto.

En tercer lugar, es necesario que usted *reciba* la verdad en su vida. No es suficiente con que la conozca; ni siquiera con que la crea. Es imprescindible *que la acepte como suya.*

Por último, usted necesita *vivir* la verdad. Esto significa tomar aquello que ha aprendido, y *actuar* en consecuencia; convertirlo en parte de su vida diaria.

Cuando haya recorrido todo este proceso, usted encontrará nueva vida en Cristo; una vida que está más allá de todo cuanto usted se habría podido imaginar.

Abraham fue un hombre que recorrió este proceso de vivir su fe. «Tampoco dudó, por incredulidad, de la promesa de Dios, sino que se fortaleció en fe, dando gloria a Dios, plenamente convencido de que era también poderoso para hacer todo lo que había prometido; por lo cual también su fe *"le fue contada por justicia"*» (Romanos 4:20-22). Como Abraham, cuando usted escuche la verdad de Dios en su Palabra, créala de todo corazón y aférrese a ella. Pídale que la convierta en realidad en su vida. Comparta esa firme decisión que tenía Pablo, quien incluía lo siguiente dentro de la meta de su vida: «...a fin de conocerle, y el poder de su resurrección, y la participación de sus padecimientos, llegando a ser semejante a él en su muerte, si en alguna manera llegase a la resurrección de entre los muertos» (Filipenses 3:10-11).

Son demasiados los cristianos que se están perdiendo una vida abundante en Cristo, porque no han comprendido de qué manera la resurrección completa lo sucedido en la cruz. La resurrección es la llave que abre la puerta; el código de validación que nos da acceso a lo que Cristo realizó en la cruz. Y tiene poder para transformar profundamente su vida.

Por tanto, prepárese para una vida nueva en Cristo.

[illegible]

[illegible] que surge la [illegible] de validez [illegible]

[illegible]

PRIMERA PARTE

La resurrección en el corazón y la mente de Dios

Capítulo 1

LA REALIDAD DEL PECADO: NOSOTROS PERECEMOS

Porque de tal manera amó Dios al mundo, que ha dado a su Hijo unigénito, para que todo aquel que en él cree, no se pierda, mas tenga vida eterna.

Juan 3:16

La maravillosa verdad de Dios es una realidad que le es imposible captar a una persona común y corriente.

Este dilema se debe sobre todo al hecho de que Dios es santo, y se mueve en un plano moral que se halla infinitamente por encima del plano en el que se mueve la humanidad pecadora. Su naturaleza está envuelta en un amor perfecto. Sus pensamientos son puros. Sus caminos son justos. Dios existe en un lugar donde nunca ha podido llegar nuestra imaginación.

No obstante, y por fortuna para nosotros, Dios se nos revela a sí mismo para que podamos conocer sus pensamientos y sus caminos. Esto es lo que nos dice: «Clama a mí, y yo te responderé, y te enseñaré cosas grandes y ocultas que tú no conoces» (Jeremías 33:3).

Cuando de la resurrección se trate, así es como debemos caminar en nuestro aprendizaje. Es de máxima importancia que comprendamos la perspectiva de *Dios*, en lugar de tratar de imponerle nuestros propios pensamientos.

La diferencia más clara entre Dios y su creación se halla en la salvación. Él es santo; nosotros estamos llenos de pecado. Él es todopoderoso; nosotros nos hallamos desvalidos por completo. Él lo sabe todo; nosotros ignoramos las cosas espirituales. Él no ha recibido su existencia de nadie; nosotros dependemos por completo de su misericordia y de su gracia.

La convicción de que estamos muertos en nuestros pecados es la que nos hace ver la necesidad que tenemos de una resurrección.

El Evangelio nos da a entender lo grande que es nuestra necesidad. Desde la perspectiva de Dios, nosotros perecemos si nos mantenemos alejados de todo lo que Él ha hecho a nuestro favor:

La cruz fue necesaria debido a la obra realizada por el pecado en nuestra vida.

La resurrección fue necesaria porque la cruz llevó a Cristo a la muerte en nuestro lugar.

Pentecostés fue necesario para convertir en realidad la nueva vida que llegó a nosotros como consecuencia de la resurrección.

La realidad de una conciencia culpable y la convicción de que estamos muertos en nuestros pecados son las que nos hacen ver la necesidad que tenemos de estos actos de Dios por medio del Evangelio.

Una conciencia culpable

Se hace difícil mantenerse al día con los rápidos cambios que se producen en la tecnología. Apenas uno compra «lo último», resulta que ya está anticuado. Sin embargo, cuando entra al mercado algo totalmente nuevo, parece convertirse en la envidia de todos.

Cuando se inventaron los teléfonos móviles y se pusieron a la disposición del público, eran pocas las personas que los tenían. Pero había una cierta dama que tenía uno, y se sentía muy orgullosa de tenerlo. Un día, lo dejó sobre una mesa de un restaurante repleto de clientes, y se marchó. Enseguida corrió de vuelta al establecimiento. Ya había cuatro hombres de negocios sentados a la mesa donde ella había estado. Les preguntó si lo habían visto, pero todos ellos le dijeron que no.

En cambio, el gerente del restaurante tuvo una idea. Llevó a aquella dama hasta detrás del mostrador y le dejó utilizar el teléfono del restaurante para marcar el número de su teléfono móvil. De inmediato, oyeron el timbre, y fueron siguiendo aquel sonido hasta llegar a la mesa donde ella había estado sentada. El sonido salía de un maletín de cuero que le pertenecía al hombre que había llegado primero a la mesa para almorzar.

El hombre comenzó a sudar. La cara se le puso roja. ¡Lo habían atrapado!

Aquel hombre, como todos nosotros, tenía una conciencia moral que le decía que no era correcto que se robara el teléfono, pero tomó la decisión de no hacerles caso a sus instintos. Ese es nuestro problema. No hacemos caso de aquello que sabemos de manera innata que es cierto, y nos dejamos desviar por una naturaleza corrompida que está totalmente centrada en sí misma. Esa naturaleza de pecado es un cruel amo que siempre lleva al alma humana a su destrucción total.

Somos seres espirituales

Todos los seres humanos sabemos por instinto que hay un Dios, tanto si decidimos responderle positivamente, como si no lo hacemos.

Dios nos hizo a su propia imagen. Es decir, que fuimos creados como seres espirituales, con capacidad para conocer a Dios y responder ante Él cuando se nos revela. Pero esa relación para la cual fuimos creados, ha quedado desviada por causa del pecado. Los dañinos efectos del pecado han recaído sobre todos los seres humanos que han pasado por la Tierra.

La Palabra de Dios afirma que «todos pecaron, y están destituidos de la gloria de Dios» (Romanos 3:23). No hay nadie que haya escapado a la influencia y a los efectos del pecado, y esos efectos son mortales. No solo nos ha separado de nuestra relación con Dios, sino que también impide que podamos restaurar esa relación por nuestra propia cuenta.

Las palabras de Pablo en Romanos 3 describen lo que hace el pecado:

1. Elimina en nosotros toda justicia y nos separa de Dios.
2. Impide que comprendamos a Dios.
3. Impide que busquemos a Dios.
4. Hace que nos dediquemos a buscar otras cosas, eliminando en nosotros todo lo valioso, y poniéndonos en el camino de la depravación.
5. Por último, causa que perdamos el temor de Dios. Y cuando se pierde ese temor, los poderes destructores del pecado ya no tienen nada que los detenga. Nos es imposible detener la vertiginosa caída que nos aleja de Dios.

No tenemos manera alguna de alejarnos de estas consecuencias del pecado y de la separación eterna con respecto al Dios que es santo. En ese caso, ¿tenemos alguna esperanza?

¡Por supuesto que sí! Pero solo porque hay un Dios misericordioso que nos ama.

Lea el siguiente pasaje, tomado de Romanos 1:16-25 y 28, mientras meditamos en la situación del ser humano, y en un Dios de misericordia que anhela salvarnos del pecado. En estas palabras, Pablo describe la trágica situación en la que se encuentra todo ser humano, y nuestra necesidad de que sea Dios quien intervenga:

Cuando perdemos el temor de Dios, nos es imposible detener la vertiginosa caída que nos aleja de Él.

> Porque no me avergüenzo del evangelio, porque es poder de Dios para salvación a todo aquel que cree; al judío primeramente, y también al griego. Porque en el evangelio la justicia de Dios se revela por fe y para fe, como está escrito: Mas el justo por la fe vivirá. Porque la ira de Dios se revela desde el cielo contra toda impiedad e injusticia de los hombres que detienen con injusticia la verdad; porque lo que de Dios se conoce les es manifiesto, pues Dios se lo manifestó. Porque las cosas invisibles de él, su eterno poder y deidad, se hacen claramente visibles desde la creación del mundo, siendo entendidas por medio de las cosas hechas, de modo que no tienen excusa. Pues habiendo conocido a Dios, no le glorificaron como a Dios, ni le dieron gracias, sino que se envanecieron en sus razonamientos, y su necio corazón fue entenebrecido. Profesando ser sabios, se hicieron necios, y cambiaron la gloria del Dios incorruptible en semejanza de imagen de hombre corruptible, de aves, de cuadrúpedos y de reptiles. Por lo cual también Dios los entregó a la inmundicia, en las concupiscencias de sus corazones, de modo que deshonraron entre sí sus propios cuerpos, ya que cambiaron la verdad de Dios por la mentira, honrando y dando culto a las criaturas antes que al Creador, el cual es bendito por los siglos. Amén. [...] Y como ellos no aprobaron tener en cuenta a Dios, Dios los entregó a una mente reprobada, para hacer cosas que no convienen.

No nos es posible analizar a plenitud todo este profundo pasaje dentro del marco de este libro, pero queremos que comprenda su intención básica. Resumamos con dos afirmaciones lo que Pablo está diciendo aquí.

En primer lugar, si *aceptamos* la revelación de Dios, somos llevados a una relación con Él que produce bendiciones en nuestra vida. Aunque somos pecadores, Dios nos da su propia justicia cuando ponemos nuestra fe en Cristo y nos apartamos de nuestro pecado.

En segundo lugar, si *rechazamos* esta revelación de Dios, se nos mantiene apartados de una relación con Él, y quedamos bajo la esclavitud de nuestra propia ignorancia. Dios nos da libertad para que escojamos nuestro propio curso de acción, pero seguimos siendo pecadores sometidos a la ira de Dios.

Somos nosotros quienes decidimos aceptar o rechazar a Dios, pero se nos van a pedir cuentas de nuestras acciones. Tenemos libertad total para decidir el rumbo que tomará nuestra vida, pero no tenemos la libertad de decidir cuáles serán las consecuencias de las decisiones que tomemos.

Dios habla

Dios se revela a sí mismo a toda la humanidad de dos maneras: por medio *del Evangelio* y por medio de *su ira*. La primera *libera* del pecado al que se arrepiente, y la segunda *entrega* al pecado al que no se arrepiente.

Ambas revelaciones son paralelas y continuas entre sí. Es decir, que *la justicia de Dios* se está revelando en todo momento a través de la predicación del Evangelio de la salvación, pero también se revela continuamente *su ira* cada vez que Él permite que los seres humanos sufran las consecuencias de sus decisiones pecaminosas.

La presencia de la maldad y del pecado alerta al ser humano en cuanto a la presencia de Dios y de su misericordia. No obstante, la misericordia de Dios está obrando, tanto en su justicia como en su ira, puesto que ambas llevan al ser humano a arrepentirse y volverse hacia Él. Algunas veces, no estamos dispuestos a responder de manera positiva a la revelación de Dios en el Evangelio, hasta que pasamos por su ira y reconocemos que necesitamos la salvación.

A veces no estamos listos para responder positivamente al Evangelio mientras no hayamos pasado por la ira de Dios.

Veamos más de cerca unos cuantos versículos tomados del pasaje de Romanos 1 que citamos antes. Pablo dice en los versículos 16 y 17 que el Evangelio tiene el poder para salvación que nos hace justos ante Dios. En una relación correcta con Dios, el creyente puede experimentar el gozo de la vida tal como se proponía Él. Por medio de la fe, recibimos el don de la salvación y comenzamos a caminar en una relación íntima de amor con el Dios del universo.

El Evangelio de Jesucristo es la revelación más clara de sí mismo que Dios le ha hecho al hombre. La encarnación, la crucifixión, la resurrección y la llegada de su Espíritu representan, todas ellas juntas, la única esperanza de la humanidad.

Aunque Dios se ha revelado de muchas formas, Jesucristo es la forma máxima de esa revelación. Cuando alguien recibe a Jesús en su vida, recibe todas las bendiciones de Dios. Jesús es la respuesta a esta pregunta: «¿Quién es Dios, y cómo lo puedo conocer?». Las Escrituras nos dicen: «Porque hay un solo Dios, y un solo mediador entre Dios y los hombres, Jesucristo hombre, el cual se dio a sí mismo en rescate por todos» (1 Timoteo 2:5-6). Por medio de Cristo, podemos llegar a tener una relación correcta con el Dios santo.

No obstante, Pablo también dice que el rechazo de la revelación de Dios nos deja en nuestra injusticia, y destinados a la ruina total. Romanos 1:18-32 describe cómo se ven las cosas cuando uno huye de Dios y lleva una vida centrada en sí mismo. Porque fuimos creados a la imagen de Dios, tenemos la capacidad necesaria para reconocerlo y de esa manera, poderle responder. En todos los pasos que el ser humano da hacia Dios, Él le da la oportunidad de saber más. Esto es lo que dice el versículo 19: «porque lo que de Dios se conoce les es manifiesto, pues Dios se lo manifestó».

El sexto sentido

Nuestro mayor problema consiste en que tenemos temor de entregarle a Dios el control de nuestra vida.

Todos tenemos un alma. Todos tenemos un espíritu que puede percibir a Dios.

No se quede atascado en sus cinco sentidos: muévase hacia su sexto sentido. Vemos, oímos, olemos, tocamos y gustamos para poder experimentar al mundo físico que nos rodea. Pero también tenemos un espíritu que nos permite experimentar el mundo espiritual en medio del cual vivimos. *Usted es un ser espiritual.* No se trata solamente de que «sepamos» en lo más profundo de nuestro ser que tiene que haber un Dios, sino que se trata de que Dios mismo está causando en nosotros que sintamos su presencia muy dentro de nosotros. Cuando nosotros buscamos con sinceridad a nuestro Creador, y anhelamos conocerlo, Él nos responde.

Jesús dijo que enviaría al Espíritu Santo para que este le diera testimonio a nuestro espíritu, a fin de que lo pudiéramos conocer a Él: «Pero cuando venga el Consolador, a quien yo os enviaré del Padre, el Espíritu de verdad, el cual procede del Padre, él dará testimonio acerca de mí» (Juan 15:26).

Nuestro mundo se ha vuelto muy complejo en cuanto a la tecnología y a los descubrimientos científicos, y sin embargo, hay muchos que se contentan con vivir en una ignorancia que ellos mismos se imponen en el ámbito de lo espiritual. Se sienten muy cómodos con limitarse a expresar su ignorancia en cuanto a las cosas espirituales, manteniéndose indiferentes y satisfechos. Dicen: «Nadie puede conocer a Dios; entonces, ¿para qué perder el tiempo buscándolo?».

Pablo se oponía por completo a esta actitud. En el versículo 18 de Romanos 1, dice que el ser humano ignora la verdad, no porque esta verdad sea difícil de aprender, sino porque él mismo «detiene con injusticia la verdad» que es incómodamente clara.

El problema del ser humano es una *reacción* de impiedad ante la verdad. El mayor de los problemas que tienen los seres humanos consiste en que tienen miedo de entregarle a Dios el control de su vida. Se contentan con una existencia centrada en ellos mismos, porque el pecado alimenta sus apetitos egoístas.

EL DESAFÍO DE LA VERDAD

El astrónomo polaco Copérnico dio pasos gigantescos en el campo de la astronomía. Comprendió que la Tierra no era el centro estático alrededor del cual giraba el resto del universo. En cambio, la Tierra no es más que un planeta que gira alrededor del sol. Sin embargo, Copérnico no se sentía dispuesto a publicar sus descubrimientos. Sabía lo problemático que iba a ser convencer a sus contemporáneos de que los seres humanos y la Tierra no son el centro de todo lo que existe. Tenía razón: el orgullo de la raza humana se resistía ante las claras evidencias a favor de esta realidad.

El hombre siempre se ha sentido el centro, alrededor del cual giran todas las cosas. Nuestra naturaleza de pecado no quiere aceptar el hecho de que el núcleo de toda verdad se halla en Dios, y no en él.

Oímos que la gente dice: «Yo no creo en la Biblia». Muy bien, pero ¿en qué se basa para sostener esa convicción? «Bueno, en nada; solo siento que las cosas son así». Entonces, ¿en qué *sí* cree usted? «La verdad, no lo sé. Solo que no pienso que Dios vaya a mandar gente al infierno».

La gente crea una imagen de Dios que se basa en lo que le parece correcto, aquello con lo cual se siente cómoda, o lo que siente con respecto al tema. Lo más asombroso de todo es que no es capaz de ver lo absurdo que es actuar así. No somos *nosotros* los que decidimos lo que hace Dios; para eso, Él es Dios. Él es el centro del universo, y el Creador y mantenedor de toda vida. ¿Quiénes somos nosotros para decirle cómo debe gobernar nuestra vida?

Las consecuencias de la libertad

Dios se ha revelado al mundo, y ahora nos toca a todos y a cada uno de nosotros tomar una decisión con respecto a lo que vamos a hacer acerca de esa revelación. Si esa decisión consiste en rechazar a Dios y no darle entrada a nuestra vida, Él se limita a entregarnos a aquello que hemos escogido por encima de Él.

En nuestro pasaje de Romanos 1, Pablo dice tres veces: «Dios los entregó». ¡Qué afirmación tan trágica! Dejó que fueran esclavizados por aquello que habían escogido por encima de Él: «también Dios los entregó a la inmundicia, en las concupiscencias de sus corazones» (v. 24), «Dios los entregó a pasiones vergonzosas» (v. 26) y «Dios los entregó a una mente reprobada, para hacer cosas que no convienen» (v. 28). ¿Se le puede ocurrir un estado más terrible que el de alguien a quien Dios lo entregue a aquello que lo destruirá totalmente en el tiempo y para toda la eternidad? Dios nos entrega... y da un paso atrás.

Los seres humanos nos sentimos cautivados por la idea de sentirse libres de toda restricción; nos resistimos obstinadamente a permitir que Dios nos diga lo que debemos hacer. Sin embargo, cuando alguien toma la decisión de ejercitar su libertad para quebrantar las leyes de Dios, es como una persona que se subiera a lo más alto de un gran edificio, y saltara desde allí. Mientras va cayendo, se siente maravillosamente durante los primeros pisos que va pasando. Nada lo detiene, no tiene restricciones ni complejos. Pero unos diez pisos antes de estrellarse contra el suelo, se da cuenta de que la decisión que ha tomado libremente lo está llevando a unas consecuencias terribles con las que no quiere encontrarse. ¿Podrá detener el proceso de la gravedad? ¿Será capaz de detener su caída? No. Y durante los diez pisos finales de su caída, volverá a examinar su definición previa de lo que es la libertad... para comprender que estaba equivocado.

Una vez que Dios se echa atrás y nos deja escoger algo que no es Él mismo, comienza en nosotros una caída cada vez más rápida. Hay muchos que ponen sus esperanzas en la misericordia de Dios, su amorosa bondad, su paciencia o su gracia, pero no reconocen que Dios les manifiesta su misericordia, su amorosa bondad, su paciencia y su gracia a los que se arrepienten y se apartan de su pecado. Los que se niegan a volverse hacia la verdad de Dios, siguen estando sometidos a su ira. Él permite que sufran las consecuencias que ellos mismos han escogido. «No os engañéis; Dios no puede ser burlado: pues todo lo que el hombre sembrare, eso también segará» (Gálatas 6:7).

Una decisión sencilla

Ahora bien, he aquí la buena noticia. Dios se ha revelado a sí mismo en algo muy superior a la naturaleza, y muy superior a la conciencia que llevamos en nuestro ser interior. Él se reveló a sí mismo en Jesucristo, con el fin de aclarar de una vez por todas cómo podemos mantener una relación correcta con Dios. A todo aquél que reconoce que lo necesita, y acude a Él, Dios le perdona sus pecados y sana su naturaleza espiritual. Entonces pueden comenzar a relacionarse con Dios de la manera que Él quería que nos relacionáramos desde el principio mismo.

¿Cómo se produce esto? Por medio de la vivencia de la cruz, la resurrección y Pentecostés.

La cruz hizo morir nuestra vida vieja, mientras que la resurrección nos trae una vida nueva.

Era necesario que nos fuera quitado nuestro pecado antes que nos pudiéramos acercar a nuestro Dios Santo. La humanidad pecadora no puede entrar a la presencia del Dios Santo, de manera que ese Dios Santo envió a su Hijo Jesús para que muriera en la cruz, con el fin de pagar el castigo merecido por nuestros pecados. Jesús cargó sobre sí los pecados de usted, y murió en su lugar.

Mientras que la cruz hizo morir su vida vieja, la resurrección le trae una vida nueva. La vida vieja del pecado no puede entrar en ese lugar santo llamado cielo: es necesario que tengamos una vida nueva en Cristo. Y esta vida nueva en el poder de la resurrección es hecha realidad para nosotros por medio del Espíritu Santo.

Ahora tenemos ante nosotros lo más asombroso de todo cuanto se refiere al Evangelio: el poder de la cruz y de la resurrección solo se encuentra a una oración de distancia de nosotros. ¿Verdad que es sencillo? El hecho de que sea sencillo no quiere decir que sea superficial, o insignificante. El hecho de escoger a Cristo es la decisión más profunda y sustancial que podemos tomar en nuestra vida.

Usted fue creado por Dios para que lo conociera a Él. ¿Lo conoce? ¿Está buscando la manera de conocerlo? Si toma la decisión de buscarlo, *lo va* a encontrar. Experimentará así lo que es la vida abundante sobre la Tierra... y por toda la eternidad, en la vida eterna.

Capítulo 2

LOS DESIGNIOS ETERNOS DEL PADRE

Dios estaba en Cristo reconciliando consigo al mundo.

2 Corintios 5:19

El Evangelio es un relato acerca del amor de Dios. Muchas veces nos centramos en el amor de Cristo y en su sacrificio por nuestros pecados, pero ¿se ha puesto a pensar alguna vez en el amor *del Padre*, y *su* sacrificio por nuestros pecados?

Ciertamente, los dolores y los sufrimientos de Jesús son indescriptibles... pero la angustia que sintió el Padre en su corazón fue igualmente real.

El plan para redimir a la humanidad fue hecho por el *Padre*; no se originó en el corazón de Jesús. A Él lo describen las Escrituras como el Siervo Sufriente, que obedeció hasta la muerte. ¿A quién obedeció? *Al Padre*.

Donde mejor vemos esto, es en el Huerto de Getsemaní, donde Jesús contempló la crucifixión que se aproximaba, y clamó: «Padre mío, si es posible, pase de mí esta copa; pero no sea como yo quiero, sino como tú» (Mateo 26:39).

A lo que se vio enfrentado Jesús en la víspera de su subida al Calvario, no fue al cumplimiento de sus propios planes; esos planes procedían del Padre, y constituían la respuesta del Padre al problema del pecado humano.

La exposición del Evangelio

A este plan eterno del Padre celestial es al que nosotros le llamamos «el Evangelio», las buenas nuevas de Jesús. Es el tema central del cristianismo. Define quiénes somos y describe al Dios al cual servimos.

En la mayor parte de las iglesias evangélicas tradicionales se presenta su mensaje cada vez que nos reunimos para adorar. Es frecuente que haya una *cruz* vacía puesta en alto en un lugar central del santuario, como símbolo de que la obra de Expiación ha quedado completa. También es frecuente que haya un *bautisterio* debajo mismo de la cruz, como símbolo de nuestra identificación con Cristo como Salvador nuestro. Puede haber también una *mesa de comunión* larga y rectangular, adornada con flores, que nos da una imagen semejante a la de un ataúd o una tumba, y simboliza el sacrificio que constituye la muerte de Cristo. Y hay también un *púlpito,* donde proclamamos el poder del Evangelio y la supremacía de la Palabra de Dios.

Esos símbolos visibles nos recuerdan el grandioso plan salvador del Padre. Y aunque su proclamación sea algo despreciable para el mundo, a nosotros nos resulta fascinante. Pablo lo expresó así: «Porque la palabra de la cruz es locura a los que se pierden; pero a los que se salvan, esto es, a nosotros, es poder de Dios» (1 Corintios 1:18).

El relato del Evangelio nos define como creyentes. Si usted no comprende la cruz y la resurrección, tampoco comprenderá la naturaleza de Dios, ni el sentido que tiene nuestra fe. Más tarde veremos la resurrección en la vida de Jesús, y también su poder en nuestra propia vida, pero tratemos de comprenderla primero dentro del corazón del Padre.

El relato del Evangelio nos define.

Vista desde la eternidad

Cuando hablamos de la cruz, estamos viendo algo que es mucho mayor que la viga de madera a la cual fue clavado Jesús en aquel día terrible. Es algo que va más allá de los clavos, de la corona de espinas y de la misma tumba.

De la misma manera, cuando hablamos de la resurrección estamos viendo algo que es mucho mayor que una piedra que ha sido rodada desde su lugar, unos lienzos funerarios vacíos o la proclamación de un ángel.

La cruz y la resurrección son el plan del Padre celestial para poner la salvación al alcance de todas las personas que han caminado sobre la Tierra en todos los tiempos. Estaba en su corazón desde la eternidad. La Biblia proclama a Jesús como el «Cordero que fue inmolado *desde el principio del mundo*» (Apocalipsis 13:8). Habla de la «esperanza de la vida eterna, la cual Dios, que no miente, prometió *desde antes del principio de los siglos*» (Tito 1:2).

Volvemos nuestra mirada a la cruz y a la resurrección con un corazón agradecido por lo que hizo Jesús a favor nuestro. No obstante, ¿se ha detenido a meditar en la cruz desde el punto de vista eterno del Padre? ¿Qué veía el Padre desde la eternidad, que nosotros somos incapaces de comprender?

Piense de nuevo en este versículo tan conocido: «Pues Dios amó tanto al mundo, que dio a su Hijo único, para que todo aquel que cree en él no muera, sino que tenga vida eterna» (Juan 3:16, DHH).

Aquí, ¿cuál es la palabra clave? *¿Amó? ¿Dio? ¿Vida eterna?* A nosotros nos parece que es la palabra *muera.* ¡Es una palabra terrible!

Piénselo por un instante: Dios no quería que nosotros nos muramos. Sin embargo, desde el punto de vista de la eternidad, ese es el destino de todos los que están en el pecado: «En aquel tiempo estabais sin Cristo, alejados de la ciudadanía de Israel y ajenos a los pactos de la promesa, sin esperanza y sin Dios en el mundo» (Efesios 2:12). Hablando a lo humano, todo lo que nosotros podíamos esperar en la eternidad era nuestra condenación... y no podíamos hacer nada al respecto. No teníamos esperanza alguna; no teníamos a Dios, y estábamos destinados a morir. «Pero ahora en Cristo Jesús, vosotros que en otro tiempo estabais lejos, habéis sido hechos cercanos por la sangre de Cristo» (v. 13).

Esa palabra temible

El verbo *«morir»* tiene algo que fue lo que hizo necesaria la cruz, exigiendo que Dios Padre entregara a su Hijo.

¿Hasta qué punto es serio nuestro pecado?

Desde nuestro punto de vista: «Yo soy una buena persona. Hago las cosas lo mejor que puedo. Claro que cometo errores, pero no soy tan malo».

Desde el punto de vista de Dios: «Yo entregué mi Hijo unigénito para quc tú no *mueras*».

Ahora le preguntamos de nuevo: ¿Hasta qué punto es serio nuestro pecado? Lo suficientemente serio como para que el Padre dispusiera que su propio Hijo muriera de manera cruel en nuestro lugar.

> *Todo pecado ha sido cometido siempre contra Dios.*

En su vida sobre la Tierra, Jesús fue «santo, inocente, sin mancha, apartado de los pecadores» (Hebreos 7:26), «sin mancha y sin contaminación» (1 Pedro 1:19). «En él estaba la vida, y la vida era la luz de los hombres» (Juan 1:4). Y con todo, nuestro pecado hizo necesaria su muerte. Fue nuestro pecado el que destinó a Cristo para que subiera a la cruz. Más que todas las atrocidades que comete el ser humano, la cruel muerte de Jesús en la cruz es la que mejor nos dice lo serio que es el pecado desde el punto de vista de Dios.

Sin embargo, nosotros seguimos alegando: «Yo no me estaba oponiendo a Dios. Sencillamente, no iba con Él».

Desde el punto de vista de Dios: «El que no es conmigo, contra mí es; y el que conmigo no recoge, desparrama» (Mateo 12:30).

Pablo nos describe antes de recibir la salvación como «enemigos» de Dios (Colosenses 1:21). Todo pecado ha sido cometido siempre *contra* Dios, y Él no está dispuesto a absolverlo a la ligera.

A lo largo de toda la Biblia, el Padre celestial manifiesta el anhelo de purificar a su pueblo de su pecado, para que pueda ser un reflejo fiel de Él mismo. Si su pueblo es llamado por su nombre, es necesario que refleje su naturaleza, que es santa. Dios ha estado obrando con el fin de purificar a su pueblo desde el mismo día en que Adán pecó en el huerto del Edén. Su respuesta definitiva a la pregunta sobre el pecado, la encontramos en la cruz y la resurrección, pero mucho antes de que sucedieran ambas cosas, Él había estado obrando para hacernos santos.

Una norma santa de vida

Si quiere conocer lo que hay en el corazón de Dios en cuanto a la purificación de su pueblo, medite en este pasaje tomado del profeta Ezequiel. Verá lo mucho que el Señor detesta el pecado y lo apasionado que se siente con respecto a la redención.

> Por tanto, di a la casa de Israel: Así ha dicho Jehová el Señor: No lo hago por vosotros, oh casa de Israel, sino por causa de mi santo nombre, el cual profanasteis vosotros entre las naciones adonde habéis llegado. Y santificaré mi grande nombre, profanado entre las naciones, el cual profanasteis vosotros en medio de ellas; y sabrán las naciones que yo soy Jehová, dice Jehová el Señor, cuando sea santificado en vosotros delante de sus ojos. Y yo os tomaré de las naciones, y os recogeré de todas las tierras, y os traeré a vuestro país. Esparciré sobre vosotros agua limpia, y seréis limpiados de todas vuestras inmundicias; y de todos vuestros ídolos os limpiaré. Os daré corazón nuevo, y pondré espíritu nuevo dentro de vosotros; y quitaré de vuestra carne el corazón de piedra, y os daré un corazón de carne. Y pondré dentro de vosotros mi Espíritu, y haré que andéis en mis estatutos, y guardéis mis preceptos, y los pongáis por obra. Habitaréis en la tierra que di a vuestros padres, y vosotros me seréis por pueblo, y yo seré a vosotros por Dios. Y os guardaré de todas vuestras inmundicias. (Ezequiel 36:22-29)

Entonces, ¿cómo hizo Dios esto? ¿Cómo restauró la santidad de su nombre entre las naciones? Envió a su pueblo al cautiverio en Babilonia, y destruyó a Jerusalén y al templo. Como el pueblo había profanado su nombre entre las naciones, lo disciplinó delante de ellas, para que todos vieran que el pecado es algo muy serio ante sus ojos.

Nuestro pecado profana su nombre... y el mundo nos está observando.

¡Él es santo!

¿Cómo debemos nosotros mirar hoy nuestro pecado? ¿Cómo mira Dios nuestro pecado hoy? Nuestro pecado profana su nombre... y el mundo nos está observando.

Una de las cosas que más impiden que las personas se acerquen a Dios, es el pecado dentro del pueblo de Dios. «Yo no quiero ir a la iglesia», dice la gente. «Está repleta de hipócritas». Bueno, la Iglesia no está *repleta* de hipócritas, pero sí hay *unos cuantos* de ellos, y a Satanás le encanta exhibirlos ante el mundo. Son personas que profesan ser cristianas, pero actúan de una manera muy diferente a como actuaría Cristo. Manifiestan una falta de misericordia, de gracia, de amor y de perdón. Hay quienes han tomado el nombre de Dios, pero viven como el mismo diablo.

Cuando el mundo no ve diferencia alguna entre uno que proclama ser seguidor de Cristo, y uno que no conoce a Cristo, su nombre queda vacío de significado.

Decidirse por la santidad

¿Qué debemos esperar que haga Dios? ¿Necesita el mundo saber que Él es santo?

Hágale la siguiente pregunta: «Señor, ¿hay en mi vida algo que le dé una idea errónea sobre ti a la gente que me está observando? ¿Se ha convertido mi vida en una piedra de tropiezo para aquellos que te quieren conocer? Señor, purifica mi vida y hazme santo ante un mundo que me observa».

Si usted le pide al Padre celestial que lo haga santo ante el mundo que lo observa, Él lo hará mirar hacia la cruz y le dirá: «Mira bien. Esto es lo que yo te he provisto para resolver el problema de tu pecado». El plan del Padre para eliminar nuestro pecado era que Cristo muriera; su plan para liberarnos del pecado era que Cristo resucitara.

Este fue su plan desde la eternidad. Cuando Jesús fue entregado en las manos de aquellos que lo iban a matar, esto se produjo «por el determinado consejo y anticipado conocimiento de Dios», y Aquél a quien «matasteis por manos de inicuos, crucificándole», fue también el que «*Dios levantó*, sueltos los dolores de la muerte, por cuanto era imposible que fuese retenido por ella» (Hechos 2:23-24).

En el corazón de Dios habían sido planificadas la cruz y la resurrección antes de todos los tiempos, y desde ese corazón suyo fue desde donde entraron ambas en la historia de este mundo: «*Dios* estaba en Cristo reconciliando consigo al mundo» (2 Corintios 5:19). «Porque de tal manera amó *Dios* al mundo, que *ha dado* a su hijo unigénito» (Juan 3:16).

Y mientras concebía este plan en su corazón, Dios estaba pensando en usted. ¿Siente acaso alguna vez que nadie lo ama? ¡No se sienta así! Dios manifestó el amor que le tiene en la cruz y en la resurrección. El amor no está hecho solo de palabras; el amor es acción. El amor *se expresa*; *es necesario* que se exprese. La cruz y la resurrección son la forma en que Dios ha expresado el amor que le tiene a usted. Cristo Jesús dio su vida para liberarlo del pecado.

El amor sacrificado

Cuentan de un niño pequeño cuya hermana necesitaba una transfusión de sangre. El médico había explicado que ella tenía la misma enfermedad de la que se había recuperado el niño dos años antes. Su única posibilidad de recuperarse estaba en que se le pusiera una transfusión de sangre procedente de alguien que hubiera vencido anteriormente esa enfermedad. Puesto que los dos niños eran del mismo grupo sanguíneo, que era un grupo poco frecuente, el niño era el donante ideal.

«¿Estarías dispuesto a darle tu sangre a Mary?», le preguntó el médico.

Johnny titubeó. Le comenzó a temblar el labio inferior. Después de un momento de seria reflexión, sonrió y dijo: «Claro; es para mi hermana».

Muy pronto, llevaron a los dos niños en camilla hasta la sala del hospital. Mary estaba pálida y delgada; Johnny estaba fuerte y saludable. Ninguno de los dos dijo nada, pero cuando sus ojos se encontraron, Johnny sonrió. Cuando la enfermera le insertó la aguja en el brazo, su sonrisa comenzó a desvanecerse. Observaba cómo fluía su sangre por aquel tubo.

Cuando aquel duro procedimiento estaba ya casi terminado, su voz, algo temblorosa, rompió el silencio: «Doctor, ¿cuándo me voy a morir yo?».

Entonces fue cuando el médico comprendió por qué Johnny había titubeado; por qué le había temblado el labio al consentir en donar su sangre. Aquel niño había pensado que darle su sangre a su hermana significaba perder su propia vida. Y en aquel breve instante, había tomado su gran decisión.

Poner nuestra confianza en la muerte de Jesús es lo que traerá la resurrección a nuestra vida e impedirá que caigamos en pecado.

Por fortuna, Johnny no tuvo que morir para salvar a su hermana. En cambio, todos y cada uno de nosotros tenemos una situación que es mucho más grave que la de Mary, y que hizo necesario que Jesús nos diera, no solo su sangre, sino su vida.

Escuche de nuevo esta verdad: «Pues Dios amó tanto al mundo, que dio a su Hijo único, para que todo aquel que cree en él no muera, sino que tenga vida eterna» (Juan 3:16, DHH).

¿Sería usted capaz de hacer lo que hizo el Padre celestial? ¿Sería capaz de entregar a su hijo por aquellos que han sido sus enemigos? Porque es eso precisamente lo que el Padre hizo. El sufrimiento del Padre fue real. Su sacrificio fue grande. Y si hubiera existido alguna otra forma de purificar la vida de usted e impedir que pereciera, Él la habría utilizado.

¿Cuán serio es su pecado? ¿Sigue pensando que no es tan malo? ¿Sigue viviendo en pecado? Cada uno de nosotros necesita poner su confianza en Jesús, quien murió en la cruz para llevarse nuestro pecado. Esa decisión es la que traerá la resurrección a nuestra vida e impedirá que caigamos en pecado.

El amor de un padre

¿Sigue pensando aún que Dios no es más que un juez severo que se dedica a condenar, o ha podido reflexionar sobre el amor que el Padre le tiene, que es tanto, que envió a su Hijo para que pagara el precio de su pecado? «¿Qué, pues, diremos a esto? Si Dios es por nosotros, ¿quién contra nosotros? El que no escatimó ni a su propio Hijo, sino que lo entregó por todos nosotros, ¿cómo no nos dará también con él todas las cosas? (Romanos 8:31-32). Este es el Dios al que servimos. El que envió a su Hijo para que muriera en la cruz por nuestros pecados. El que levantó a ese Hijo a nueva vida en la resurrección para darnos también a nosotros una nueva vida; una vida abundante en Cristo.

Recuerde que la resurrección es algo que hizo el Padre, no el Hijo. El Hijo decidió ser obediente hasta la muerte, pero no pudo tomar la decisión de resucitarse a sí mismo y salir del sepulcro. Se entregó en las manos del Padre con una confianza total; la promesa del Padre se cumpliría en su resurrección.

¿Ha notado alguna vez cuál es el punto focal del sermón que pronunció Pedro en el día de Pentecostés, y que aparece en Hechos 2? Pedro insistió sobre todo en la obra de Dios, y no en Jesús.

No es esto lo que habríamos esperado. Pedro era discípulo de Jesús. Había caminado con su Señor durante más de tres años.

Jesús no era solo su Señor; también era su mejor amigo. Y él había visto desarrollarse ante sus propios ojos toda la historia del Evangelio. Había observado los milagros, había recibido instrucción por medio de su inspirada enseñanza, había sido testigo de la crucifixión y había sido transformado por la resurrección. Por consiguiente, sería de esperar que su sermón girara alrededor de la obra de Cristo para liberar al ser humano. Sin embargo, no fue así.. Habló de la obra de Dios *por medio* de la vida de Cristo. Por supuesto, Jesús ocupa un lugar prominente en su sermón; no obstante, escuchemos cómo habla Pedro de la relación existente entre el Padre y el Hijo:

> Varones israelitas, oíd estas palabras: Jesús nazareno, varón *aprobado por Dios* entre vosotros con las maravillas, prodigios y señales que *Dios hizo entre vosotros por medio de él,* como vosotros mismos sabéis; a éste, entregado por el *determinado consejo y anticipado conocimiento de Dios,* prendisteis y matasteis por manos de inicuos, crucificándole; al cual *Dios levantó,* sueltos los dolores de la muerte, por cuanto era imposible que fuese retenido por ella. [...] A este Jesús *resucitó Dios,* de lo cual todos nosotros somos testigos. (Hechos 2:22-24, 32)

¿Puede ver ahora los propósitos eternos que tenía el Padre en cuanto a la muerte y la resurrección del Hijo? No existe duda alguna: Jesús cumplió la voluntad de su Padre, y el propósito eterno de ese Padre consistía en que nosotros fuéramos rescatados por medio de la muerte y la resurrección del Cordero de Dios, para que no pereciéramos eternamente.

El Hijo *tuvo* que morir; el Padre *tuvo* que resucitarlo de entre los muertos.

SEGUNDA PARTE

La resurrección en la vida del Señor Jesús

Capítulo 3

LA REALIDAD DEL PECADO: ÉL MURIÓ

Al que no conoció pecado, por nosotros lo hizo pecado, para que nosotros fuésemos hechos justicia de Dios en él.

2 Corintios 5:21

La resurrección de Jesús era necesaria, por el simple hecho de que había muerto. Por eso, para poder comprender plenamente el significado de esa resurrección, primero debemos buscar la forma de comprender mejor lo que significa que Jesús muriera.

Reflexionemos en dos preguntas sencillas, pero importantes: *¿Por qué murió Cristo?* y *¿Qué tiene que ver todo esto conmigo?* Nunca comprenderemos el poder de la resurrección mientras no busquemos primero respuestas a estas preguntas. El poder de la resurrección sigue a la muerte; se levanta sobre el sacrificio hecho por Jesús en la cruz. Y aunque este hecho se produjo hace dos mil años, tiene una relevancia absoluta para nuestra vida en el presente.

Dios se merece toda nuestra confianza

Antes de responder estas dos preguntas, vamos a establecer algunos supuestos básicos. En primer lugar, comencemos por aceptar que Dios sabe más que nosotros. En segundo lugar, aceptemos también que todo cuanto Él hace, está siempre bien. Y en tercer lugar, aceptemos que Dios conoce acerca de nuestra vida algo que nosotros tenemos una urgente necesidad de conocer.

Solo Dios conoce la verdad sobre la muerte y la resurrección de Cristo.

Estos supuestos son la base sobre la cual nos apoyaremos al reflexionar sobre las dos preguntas anteriores. Podríamos acudir a muchos lugares distintos en busca de respuestas, pero lo que está en juego aquí es demasiado importante para equivocarnos. Las preguntas que estamos considerando van a causar en nuestra vida un impacto que durará por toda la eternidad. Por eso trataremos de responderlas plenamente a partir de la Palabra de Dios, en la confianza de que Él es el único que conoce la verdad acerca de la muerte y la resurrección de Cristo.

Regresamos a la primera pregunta: *¿Por qué murió Cristo?* ¿Se debió su muerte a que lo atraparon, lo arrestaron y lo crucificaron? No; la Biblia atestigua que Él entregó su vida de manera voluntaria; antes había afirmado que nadie se la podía quitar (Juan 10:15-18).

¿Murió para que nosotros pudiéramos tener vida eterna? Aunque es cierto que su muerte y su resurrección son las que nos proporcionan la salvación, esto se refiere a las consecuencias de su muerte; no a la razón que tuvo para morir.

En ese caso, ¿por qué escogió la muerte? ¿Por qué no se pudo limitar a perdonar nuestro pecado y liquidar así el problema? Si es cierto que Dios nos ama a todos por igual, cualquiera que sea nuestra situación, y que nuestra salvación no depende de que seamos dignos de ella, sino que se halla al alcance de todos los que la acepten, ¿por qué la cruz? ¿Por qué todas esas palabras como *sacrificio, redención, propiciación, reconciliación y expiación*?

La razón por la cual Cristo tuvo que morir fue que *el pecado es real y se halla presente en este mundo*, y *la paga del pecado es la muerte.*

El ángel le dijo a José esto mismo aun antes que naciera Jesús: «Y [María] dará a luz un hijo, y llamarás su nombre JESÚS, porque *él salvará a su pueblo de sus pecados*» (Mateo 1:21). La paga del pecado es muerte, y alguien tenía que pagar su precio.

¿Qué tiene que ver con usted todo esto? ¡Todo! Si Él murió, fue por el pecado de usted. Él nació para poder morir por sus pecados y revestirlo de su propia justicia, dándole acceso a una relación correcta con el Dios santo. «Porque Cristo, cuando aún éramos débiles, a su tiempo murió por los impíos» (Romanos 5:6).

No es difícil convencer a un ser humano de que es pecador, porque todos sabemos que hemos pecado. Todos conocemos nuestros errores, nuestras malas decisiones, nuestros pensamientos impíos y nuestros apetitos egoístas. Lo que no llegamos a captar es lo altamente ofensivo que es el pecado para Dios, y la forma en que nos podemos liberar de él con el fin de llevar una vida que agrade a Dios.

Vencer nuestro pecado

La realidad de la existencia de pecado en este mundo es la razón por la cual vino Jesús. Su muerte y su resurrección tuvieron como propósito la resolución del problema del pecado y proporcionarnos a los seres humanos la oportunidad de entrar a una relación correcta con Dios. «Cristo [...] murió por los *impíos*» (Romanos 5:6). Esta proclamación se halla en el corazón mismo del Evangelio y se aplica a todos los humanos. Y nuestra valoración de su resurrección no puede aumentar si no captamos de una manera más profunda lo que significa que Cristo muriera por los impíos.

Aunque la muerte y la resurrección de Cristo representan el momento decisivo para toda la historia de la humanidad, el epicentro desde el cual es liberado el poder de Dios sobre los seres humanos, Satanás es muy hábil en la labor de impedir que nosotros comprendamos estas cosas. Nos desvía con verdades parciales que impiden que experimentemos el Evangelio en todo su impacto aquí y ahora.

Nuestro principal beneficio derivado de la resurrección no es para cuando lleguemos al cielo, sino para ayudarnos aquí en la Tierra.

Nuestra propia esperanza de resurrección no es solo un suceso futuro que tendrá lugar cuando muramos físicamente y seamos transportados al cielo; su impacto está destinado a marcarnos hoy. Cuando la Biblia habla de la resurrección, en especial en lo que se aplica a nuestra propia vida, casi siempre lo hace con referencia al poder para vencer al pecado que hay en nuestro interior. En cambio, en el cielo no hay pecado. Por consiguiente, nuestro principal beneficio derivado de la resurrección no es para cuando lleguemos al cielo, sino para ayudarnos aquí en la Tierra.

Las Escrituras expresan esto con claridad. Medite en estas afirmaciones hechas por el apóstol Pablo:

> Porque los que hemos muerto al pecado, ¿cómo viviremos aún en él? ¿O no sabéis que todos los que hemos sido bautizados en Cristo Jesús, hemos sido bautizados en su muerte? Porque somos sepultados juntamente con él para muerte por el bautismo, a fin de que *como Cristo*

> *resucitó de los muertos* por la gloria del Padre, así *también nosotros andemos en vida nueva.* Porque si fuimos plantados juntamente con él en la semejanza de su muerte, así también lo seremos en la de su resurrección; sabiendo esto, que nuestro viejo hombre fue crucificado juntamente con él, para que el cuerpo del pecado sea destruido, a fin de que no sirvamos más al pecado. Porque el que ha muerto, ha sido justificado del pecado. Y si morimos con Cristo, creemos que también viviremos con él; sabiendo que Cristo, habiendo resucitado de los muertos, ya no muere; la muerte no se enseñorea más de él. Porque en cuanto murió, al pecado murió una vez por todas; mas en cuanto vive, para Dios vive. Así también vosotros consideraos muertos al pecado, pero vivos para Dios en Cristo Jesús, Señor nuestro. (Romanos 6:2-11)

¿Ha podido ver la conexión? Jesús murió por el pecado del mundo, y fue levantado de entre los muertos para vencer al destructivo poder del pecado. Y ninguno de los que han sido resucitados con Él no se halla ya bajo el dominio del pecado y de la muerte. Ahora todos están vivos para Dios y ya no son esclavos del pecado, sino que caminan en novedad de vida.

El poder de la resurrección tiene como fin liberarnos del pecado hoy y para siempre.

Por esa razón no podremos comprender plenamente ese poder mientras no hayamos comprendido *de qué* fue resucitado Cristo: de las garras mortales del pecado. El cruel asesinato cometido en la persona de Cristo a manos de pecadores no fue la acción primordial dentro de todo lo que sucedió en la cruz. La parte más tenebrosa de la crucifixión fue lo que sucedió en su alma cuando fue cargado con el pecado del mundo. Y cuando pensamos en

Cristo crucificado y sepultado, Satanás quiere que tengamos una comprensión incorrecta de lo que sucedió realmente en la cruz, y también del poder de la resurrección que se produjo después. Porque en esa cruz se resolvió de una vez por todas el problema del pecado, mientras que la resurrección fue la destrucción definitiva de la garra mortal del pecado; un golpe que seguirá resonando a lo largo de toda la eternidad.

El poder del engaño

Si usted es cristiano, Satanás carece por completo de poder sobre usted. Ahora bien, sí es un mentiroso. Tiene en sus manos el arma mortal del engaño. Y también tiene una gran cantidad de artificios de todo tipo destinados a distraerlo para impedir que vea qué es lo que lo condenará y qué lo que lo hará libre.

Cuando se trata de la cruz y la resurrección de Cristo, Satanás va a tratar de mantener su mente centrada en un cuerpo que ha sido golpeado, azotado, atravesado y crucificado. No le importa que usted piense en la agonía de intenso dolor que sufrió Cristo, en su humillación pública ni en la sangre inocente que derramó. No le molesta que usted vea la verdad de la crucifixión, siempre que no note *la verdad de su muerte.*

A Satanás no le molesta que usted vea la verdad de la crucifixión... siempre que no note la verdad de la muerte de Cristo.

Pablo nos advierte: «Pero temo que como la serpiente con su astucia engañó a Eva, vuestros sentidos sean de alguna manera extraviados de la sincera fidelidad a Cristo» (2 Corintios 11:3). Cristo es la clave para comprender cómo nos salvó Dios por medio de la cruz y la resurrección.

En otro pasaje, Pablo nos dice: «Mas Dios muestra su amor para con nosotros, en que siendo aún pecadores, Cristo murió por nosotros» (Romanos 5:8). Cuando Cristo murió por nosotros, no fue porque éramos humanos, sino porque éramos pecadores. Y su muerte en lugar nuestro no tuvo que ver principalmente con nuestro cuerpo físico, sino con nuestra alma, que ya estaba muerta en el pecado. Porque nuestra propia «muerte» no es mayormente una cuestión del cuerpo, sino que es el verdadero problema de nuestra alma.

LA VIDA Y LA MUERTE

Cada vez que el Señor habla de la vida y de la muerte, nos damos cuenta de que está hablando de algo que es diferente a lo que nosotros generalmente pensaríamos. Cuando cesa la actividad corporal, nosotros le damos a esto el nombre de «muerte», pero siempre que Jesús se refería a esa clase de muerte, decía que la persona estaba «durmiendo».

Tomemos el ejemplo de la hija de Jairo, el oficial de la sinagoga. Este llegó a Jesús diciendo: «Mi hija está *agonizando*; ven y pon las manos sobre ella para que sea salva, y vivirá» (Marcos 5:23). Jesús acompañó a Jairo hasta su casa, pero cuando se dirigían hacia allí, fue a su encuentro un criado de Jairo, que le dijo: «Tu hija *ha muerto*» (v. 35). Al llegar a la casa, «vio el alboroto y a los que lloraban y lamentaban mucho» (v. 38) porque la niña había muerto físicamente. Pero entonces, hizo una sorprendente declaración: «La niña *no está muerta, sino duerme*» (v. 39). A continuación, entró a la casa para devolverle la vida física a la niña, y ella se levantó.

O bien, pensemos en Lázaro, el amigo de Jesús en Betania, a quien Jesús le devolvió la vida después de haber estado muerto cuatro días en una tumba sellada. Antes de partir para Betania, Jesús dijo: «Nuestro amigo Lázaro duerme; mas voy para despertarle» (Juan 11:11). «Despertar» a Lázaro significaba devolverle la vida física y restaurarlo al seno de su familia, tal como Jesús había hecho con la hija de Jairo.

Devolverles la vida a los que estaban físicamente muertos no constituía un gran reto para Jesús. Se limitaba a hablar, y ellos resucitaban. Se refería de una manera casi informal a su estado, diciendo que solo «dormían», porque Él tenía la capacidad de despertarlos, dándoles vida con una orden de su voz.

Jesús reservaba la palabra *muerte* para expresar una experiencia infinitamente más significativa. Y para valorar debidamente la *vida* que Él nos ha dado, necesitamos comprender mejor *la muerte* de la cual nos ha salvado. Para comprender mejor la magnitud del poder de la resurrección, debemos ver con mayor claridad lo que sucedió en la cruz, y la naturaleza de la muerte de Cristo.

Por ese motivo, antes de seguir considerando la vida de resurrección, necesitamos ver ese contraste.

Los creyentes no pueden morir

Puesto que Jesús había venido desde la eternidad hasta esta tierra, tenía el «cuadro general» correcto con respecto a la vida y la muerte; un cuadro muy superior al que ninguno de nosotros llegará jamás a poseer de una manera natural. Él vino para ayudarnos a *ver desde su punto de vista* la realidad de nuestra vida y la realidad de nuestra muerte; a verlas de una manera que el mundo no puede comprender. Cuando Él habla, está hablando la pura verdad desde un punto de vista eterno.

Desde este punto de vista, Jesús nos dice: «De cierto, de cierto os digo, que el que guarda mi palabra, *nunca verá muerte*»

(Juan 8:51). Esta asombrosa declaración va contra todo lo que la existencia humana haya experimentado jamás. No obstante, no debemos basar la verdad en nuestra propia experiencia, sino en la Palabra de Dios.

Pensemos en otro pasaje significativo. En un largo comentario con una multitud de Galilea acerca del «pan del cielo», Jesús proclamó osadamente: «Yo soy el pan de vida [...] Éste es el pan que desciende del cielo, para que el que de él come, *no muera*» (Juan 6:35, 48, 50).

O bien, como le había dicho antes en Jerusalén a otra multitud: «De cierto, de cierto os digo: El que oye mi palabra, y cree al que me envió, *tiene vida eterna*; y no vendrá a condenación, mas *ha pasado de muerte a vida*» (Juan 5:24).

O como le dijo a la hermana de Lázaro antes de resucitarlo de entre los muertos: «Todo aquel que vive y cree en mí, *no morirá eternamente*» (Juan 11:26).

Está claro que Jesús usa los términos «vida» y «muerte» en un sentido distinto al que les damos nosotros.

Creer en Jesús es pasar de la muerte a la vida. Creer en Jesús es poseer vida eterna y no morir jamás.

Según el propio Jesús, cuando alguien aún no ha creído en Él, está *muerto*. Ahora bien, una vez que se hace cristiano, recibe una vida que es para siempre.

Está claro que Jesús usa los términos *vida* y *muerte* en un sentido distinto al que le damos nosotros.

Jesús sí murió

Aunque Jesús usa la palabra *dormir* para referirse a lo que nosotros consideramos como muerte física, observe con cuidado lo siguiente: Él no vino para salvarnos de ese estado, sino para liberarnos de la *muerte*. Todos los seres humanos, tanto santos como pecadores, «dormiremos» (moriremos físicamente), pero no todos moriremos.

Y cuando las Escrituras dicen que «Cristo *murió*» (y lo dicen con frecuencia, como en Romanos 5:6-8; 1 Corintios 15:3 y Gálatas 2:21), se está refiriendo a algo más que ese «dormir». En la cruz, Jesús experimentó algo que no era solo la terminación de su vida física. Murió en el sentido eterno de la palabra. Si solo hubiera experimentado la muerte física de su cuerpo, se habría referido a aquella situación diciendo que iba a «dormir». Tal vez también nosotros debamos reservar la palabra *muerte* para algo distinto a una simple desaparición de la vida física.

En ese caso, ¿qué experimentó Jesús cuando «murió»? ¿Qué fue lo que sucedió realmente en aquella terrible colina llamada monte Calvario? Y además, ¿qué «vida» nueva fue la que nació de la resurrección?

Nosotros consideramos que la verdadera muerte de Jesús comenzó en el huerto de Getsemaní, en la noche en que estaba orando allí. Leemos que Él fue allí y «comenzó a entristecerse y a angustiarse en gran manera»; entonces se volvió a sus discípulos y les dijo: «Mi alma está muy triste, *hasta la muerte*; quedaos aquí, y velad conmigo» (Mateo 26:37-38). Aunque aún no había comenzado a «dormir» —a morir físicamente—, sí había comenzado el proceso de su muerte.

¿Le temía Jesús a la cruz? En absoluto. No temía «dormir». Sin embargo, la verdadera muerte se acercaba a pasos agigantados. El pecado del mundo estaba a punto de ser cargado sobre sus hombros, y se dirigía a la cruz, para morir por el pecado de usted y por el mío. ¿Por qué? Porque la paga del pecado es «muerte».

En el Calvario, mientras pendía de aquella cruz, hizo esta declaración: «Dios mío, Dios mío, ¿por qué me has desamparado?»

(Mateo 27:46). Esa fue su verdadera *muerte*, aun antes que terminara su vida física. Pronto «dormiría», pero ya había entrado a una situación a la cual nunca antes había entrado.

Jesús nunca había pecado; era el Hijo perfecto de Dios. Sin embargo, por el hecho de cargar con el pecado del mundo, y de que la paga del pecado es muerte, la relación entre el Hijo y el Padre recibió un golpe mortal. Por vez primera en su existencia eterna, el Hijo se hallaba en medio de las tinieblas espirituales. La vista de la casa del Padre había quedado oscurecida. El Padre había retirado de Él su mano.

Se hallaba ahora en medio de unas tinieblas absolutas. Estaba sufriendo la agonía de la soledad del pecado, que aparta a los humanos de un Dios santo. Porque esa pérdida del hogar por parte del alma; esa separación de los lugares celestiales para entrar en las tinieblas exteriores; es la paga del pecado.

El pecado es muerte

Aunque Cristo no había conocido pecado, murió por los impíos. Murió por usted y por mí. Probó la muerte por todos y cada uno de los seres humanos. Y la Biblia proclama que nosotros, mientras nos mantengamos alejados de Cristo, seguimos estando bajo el dominio de la ley del pecado y de la muerte (Romanos 7:23-24).

El pecado trae consigo muerte, abandono, carencia de hogar para el alma, y las tinieblas más oscuras (Mateo 8:12). Ese es el estado en que se encuentra toda alma que está separada de Cristo: «Por cuanto todos pecaron, y están destituidos de la gloria de Dios» (Romanos 3:23). Y si nuestra decisión nos lleva a olvidarnos de Cristo y de su muerte por nuestro pecado, volverle la espalda a su gracia y vivir sin tener a Cristo en nuestra vida, podemos estar seguros de que moriremos... no; de que ya estamos muertos.

Ya estamos separados del Padre. Nuestra alma está muerta, y el gran día del Juicio solo servirá para revelar la realidad de que esa alma carece de hogar, está desolada, y un gran abismo la separa de la presencia de Dios. Todos los que se encuentren así, saldrán hacia las grandes tinieblas, hacia una noche de soledad y hacia la muerte eterna.

Cuando exploremos el poder de la resurrección, necesitaremos reordenar nuestra manera de pensar hasta llevarla a una dimensión totalmente nueva.

Sí, usamos estos términos de *vida* y *muerte* de una forma muy distinta a la forma en que los usa Jesús. No obstante, digámoslo de nuevo: Jesús descendió a la Tierra desde la eternidad, y volvió a ascender al Padre; Él sabe de lo que está hablando. Así que, cuando exploremos la vida de resurrección y su poder transformador, necesitaremos reordenar nuestra manera de pensar hasta llevarla a una dimensión totalmente nueva que va más allá de lo físico, hasta adentrarse al ámbito de lo espiritual, donde habita nuestra alma.

La resurrección es vida

Como observamos anteriormente, el poder de la resurrección no comienza cuando morimos físicamente y somos transportados a un nuevo hogar en el cielo. La resurrección tiene una dimensión que experimentamos en el mismo momento en que creemos en Jesús. Hay quienes se refieren a esto a veces con las palabras «ya, pero todavía no». Los creyentes experimentan ya el poder de la resurrección, aunque lo experimentarán de una forma más plena cuando Cristo regrese.

Ya hemos hablado acerca del verbo *morir*, que aparece en Juan 3:16 (DHH). No solo era el Padre quien sabía lo que significa esa palabra; Jesús también conocía su significado. Y porque entendía lo que comprende en realidad el hecho de *morir*, fue eso lo que lo lanzó hacia la cruz.

Por eso leemos: «Desde entonces comenzó Jesús a declarar a sus discípulos que *le era necesario* ir a Jerusalén y padecer mucho de los ancianos, de los principales sacerdotes y de los escribas; y ser muerto, y resucitar al tercer día» (Mateo 16:21).

Le era necesario ir a Jerusalén para morir en nuestro lugar, de manera que aquellos que creyeran en Él nunca murieran; nunca probaran la muerte eterna, y nunca experimentaran lo que significa morir, sino que tuvieran vida eterna. Jesús sabía que le era necesario ir *Él* mismo, porque ningún otro reunía los requisitos necesarios para la justificación. El precio por el pecado y por el castigo eterno no se podía pagar con posesiones materiales, porque ellas también desaparecen. No se podía pagar con la sangre de toros, de carneros o de ninguna otra criatura temporal y carente de alma (Hebreos 10:4). Y no lo podía pagar tampoco ningún otro ser humano, porque todos nosotros hemos pecado y estamos muy lejos de ser dignos.

No; ese precio había que pagarlo con «la sangre preciosa de Cristo, como de un cordero sin mancha y sin contaminación» (1 Pedro 1:19).

Según las Escrituras, antes de conocer a Dios, estábamos muertos. Una vez puesta nuestra fe en Cristo, vinimos a la vida. Y en la cruz dejamos nuestro pecado, que era el causante de la separación. Porque nuestro pecado *es* muerte. Es lo que nos mantiene alejados de la vida; es el muro que no es posible vencer.

Oímos clamar a Pablo: «¡Miserable de mí! ¿Quién me librará de este cuerpo de *muerte*?» (Romanos 7:24). Y a continuación aparece la respuesta: «Ahora, pues, ninguna condenación hay para los que están en Cristo Jesús, los que no andan conforme a la carne, sino conforme al Espíritu. Porque la ley del Espíritu de vida en Cristo Jesús me ha librado de la ley *del pecado y de la muerte*» (8:1-2).

A menos que vayamos a la cruz con el Señor y seamos salvados de nuestros pecados, no podremos vivir. La muerte se seguirá cerniendo sobre nuestra alma, porque el pecado permanecerá en nosotros.

LA ELIMINACIÓN DE LA BARRERA DEL PECADO

Gracias a lo que Cristo hizo por nosotros, el pecado ha dejado de ser la barrera existente entre nosotros y Dios.

Esa buena noticia es casi increíble: por profundo y repugnante que sea nuestro pecado, el sacrificio de Cristo es mucho mayor. Lo que Dios ha provisto para eliminar el problema del pecado excede por mucho a la peor de nuestras rebeliones. La única cosa que nos puede mantener apartados de una relación con Dios no es ya el pecado, sino nuestra negación a acercarnos a Él arrepentidos. Dios ha resuelto para siempre el problema de nuestro pecado; Cristo ya pagó el precio por él; ya murió por todos, para que pudiéramos tener vida.

Es una buena noticia casi increíble: por profundo y repugnante que sea nuestro pecado, el sacrificio de Cristo es mucho mayor.

Lo único que impide ahora que tengamos una relación con Dios es nuestra voluntad, cuando se niega a creer y aceptar lo que Dios nos ha proporcionado en Cristo. Vencemos esa barrera cuando tomamos la decisión de dar un paso de fe y recibirlo.

No se trata de una doctrina evasiva; es una realidad destinada a ser vivida en la vida diaria. Su vida de hoy es la suma total de las decisiones que ha ido tomando. Y cuando de la salvación se trata, Jesús es la única decisión posible; la única respuesta.

Hay quienes tienen la idea de que las realidades físicas constituyen el mundo real, mientras que el ámbito de lo espiritual es una especie de concepto efervescente que se mantiene evasivo en cuanto a nuestra vida cotidiana. Sin embargo, desde el punto de vista de Jesús, la vida espiritual es la realidad, y la vida física nos puede distraer, alejar, impedir que veamos aquello que va a perdurar por toda la eternidad.

Por eso debemos recibir por fe sus palabras, e ir más allá de esas distracciones físicas. Debemos tomar la decisión de creer lo que Cristo ha dicho y vivir en la realidad del Señor resucitado. Y entonces llegaremos a experimentar cómo la resurrección, en su esencia, es la libertad con respecto al pecado.

Recibir el don de la vida

En 1829, un hombre de Pennsylvania llamado George Wilson, le robó junto con un cómplice a un cartero, poniendo en peligro la vida del cartero con su acción. Pronto fueron capturados ambos hombres, llevados ante los tribunales y declarados culpables. En aquellos días en que los castigos eran más estrictos, ambos fueron sentenciados a morir en la horca.

El cómplice fue ahorcado en 1830, pero Wilson tenía amigos influyentes que actuaron a favor de él. Lograron captar la atención del presidente Andrew Jackson, quien le concedió a Wilson un indulto menos de un mes antes de la fecha de su ejecución.

Imagínese el alivio que usted sentiría si estuviera sentenciado a ser ahorcado, y después recibiera un indulto presidencial. Sin embargo, George Wilson lo rechazó, y las autoridades no sabían qué hacer. ¿Cómo podrían proceder a ahorcar a un hombre, cuando tenían delante de sí en su escritorio su indulto presidencial?

El asunto terminó en el Tribunal Supremo. En el fallo del tribunal, John Marshall, jefe del mismo, declaró: «Un indulto es un acto de gracia»; y cuando se le concede ese indulto a alguien, «la liberación no está completa hasta que es aceptada. Por consiguiente, el indulto puede ser rechazado por la persona a la cual ha sido concedido»; y si es rechazado, entonces «no hay tribunal alguno que tenga poder para obligarlo a aceptarlo».

De manera que George Wilson fue ahorcado, aunque «un acto de gracia» a favor suyo le había concedido un indulto.

¿Cómo responderemos nosotros al acto de gracia que nos ha indultado de la muerte eterna?

Todos hemos pecado; todos hemos sido condenados; todos estamos espiritualmente muertos. Sin embargo, gracias a la muerte y la resurrección de Cristo, tenemos ante nosotros una decisión que tomar: o permanecer en el pecado y la muerte, o escoger el poder de Dios para hacernos libres.

Cristo murió por los impíos, y la palabra *impíos* incluye a todos y cada uno de nosotros. Nos merecemos la muerte. Pero Cristo nos ha concedido el don de la salvación. El indulto en cuanto al pecado ha sido puesto sobre el escritorio. Necesitamos tomar la decisión de recibir ese don. Y recibirlo no es algo que se limite a un acto de un solo instante, sino que es la decisión diaria de caminar en el poder de la resurrección y experimentar la nueva vida en Cristo.

Capítulo 4

LA REALIDAD DE LA SALVACIÓN: ÉL RESUCITÓ

Y el postrer enemigo que será vencido es la muerte.

1 Corintios 15:26

Los seres humanos siempre se han sentido perseguidos por el pensamiento de la muerte. Sin embargo, ahora que Cristo ha resucitado, ya no tenemos por qué temerle. La muerte ha perdido su aguijón; podemos escapar al castigo eterno por el pecado y, con él, a la separación eterna con respecto a Dios.

La muerte física solo es ahora una transición hacia nuestra existencia nueva y gloriosa en la presencia de Dios; es el dejar atrás nuestro cuerpo débil y frágil para recibir un nuevo cuerpo resucitado. Esto es, *si decidimos* aceptar el don de la salvación, arrepentirnos de nuestro pecado y hacer de Cristo el Señor de nuestra vida.

La resurrección histórica

Nuestra vida de resurrección depende del hecho de que Jesús resucitara realmente de entre los muertos a una vida nueva. Y si no se demuestra esa realidad, nuestra fe es en vano.

En ese caso, *¿resucitó* Jesús? ¿Murió realmente, para después volver a la vida? Estas preguntas son válidas, y se las debe responder.

El hecho de que Jesús vivió está claramente demostrado. Él no es un invento de la imaginación, sino una persona histórica. No hay persona con algo de educación que ponga en duda esta realidad; tanto los judíos, como los musulmanes e incluso los ateos, creen todos que la vida de Jesús es una realidad histórica. Por tanto, no hay necesidad de discutir este punto. En cambio, muchos niegan que el Jesús histórico fuera el Hijo divino de Dios, y niegan también que haya resucitado de entre los muertos.

Hay muchas formas de responder a este tipo de objeciones. Antes de analizar una manera única y más bien inesperada de enfocarlas que hallamos en las Escrituras, abordemos el tema examinándolo desde un punto de vista puramente histórico.

Jesús murió

Jesús murió en la cruz. Es necesario dejar esto bien establecido, porque hay quienes sostienen que en realidad no experimentó la muerte física en la cruz. Sugieren que se desmayó, que después se despertó en el sepulcro y que salió de él caminando. Suponen que después de todas las torturas y el sufrimiento físico a los cuales fue sometido, se despertó de su estupor, se deshizo de los paños mortuorios, hizo rodar la piedra que tapaba el sepulcro y se marchó.

¡Muy improbable! No obstante, los que andan buscando una explicación racional se aferran incluso a lo irracional antes que aceptar lo milagroso.

Los sufrimientos físicos a los que Jesús fue sometido lo dejaron en un estado corporal de lesiones y traumas del cual era imposible escapar. Esos sufrimientos habían comenzado en el huerto de Getsemaní, donde su sudor tomó el aspecto de gotas de sangre, detalle que registra por escrito Lucas, quien era médico, en Lucas 22:44. En esos momentos, Jesús sufrió una situación conocida en medicina como hematidrosis, en la cual se rompen los pequeños vasos capilares que hay en las glándulas sudoríparas, causando que la piel se vuelva extremadamente frágil y sensible al tacto. Este estado no es nada frecuente, pero se tiene conocimiento de que se ha producido en situaciones en las cuales una persona está sufriendo bajo una cantidad extrema de estrés.

¿Sería posible que Jesús no experimentara la muerte física en la cruz?

Poco tiempo después, Jesús fue arrestado, para ser interrogado en una serie de «juicios» que duraron toda la noche. Lo azotaron con un látigo de nueve puntas que le debe haber abierto la piel de la espalda (Juan 19:1). Los soldados le clavaron en la cabeza una corona de espinas que le tiene que haber hecho profundos cortes en el cráneo (v. 2). Los soldados romanos lo golpearon (v. 3). Y después de esto le pusieron sobre la espalda una pesada cruz mientras lo llevaban hacia el Gólgota (v. 17). Allí fue donde los soldados lo clavaron a esa cruz con gruesos clavos de hierro en manos y pies (v. 18). Y el mundo observaba, mientras su torturado cuerpo seguía allí colgado, para que todos lo vieran. Solo una palabra como *atroz* podría describir sus sufrimientos allí en esa cruz.

Después de una agonía así, ¿se podría imaginar usted a Jesús con la suficiente fuerza para liberarse de debajo de un centenar de libras de mirra y áloe (v. 39), deshacerse de las vendas de lino que lo ataban fuertemente (v. 40) y hacer rodar la piedra que sellaba su tumba (20:1)? Tampoco nosotros.

Otros dicen que Jesús nunca llegó a la tumba, sino que organizó un elaborado plan para dar la *apariencia* de que había muerto y resucitado de nuevo. Tal vez tuviera un hermano gemelo; o tal vez lo sustituyeran con Judas; tal vez la esponja empapada en vinagre que le dieron en la cruz fuera en realidad un sedante que lo puso a dormir; tal vez alguien les pagara a los soldados para que mintieran acerca de su muerte. Tal vez...

Los enemigos de Jesús demostraron que Él había muerto realmente.

Los que no quieren creer que Jesús es el Hijo de Dios, hacen cuanta conjetura se les ocurra, en un intento por demostrar que su muerte y su resurrección nunca ocurrieron.

En cambio, los enemigos de Jesús sí se aseguraron de que había muerto realmente. Verificaron su muerte. Una multitud de personas presenció toda aquella angustiosa situación (Juan 19:20). Un soldado romano le atravesó el costado cuando aún estaba en la cruz, haciendo que salieran sangre y agua de su cuerpo (v. 34). La sangre se había comenzado a separar, lo cual significaba que se había producido ya la muerte física. Un centurión, un hombre muy familiarizado con las señales de la muerte, verificó que Jesús había muerto (Lucas 23:47). En la mente de los verdugos, no había la menor duda en cuanto a que estaba muerto.

Los amigos de Jesús también aceptaron aquella realidad. José de Arimatea y Nicodemo tomaron su cuerpo y lo prepararon para su sepultura; sabían que estaba muerto. Los discípulos, que no querían creer que ya no estaba entre ellos, estaban absolutamente convencidos de su muerte.

Jesús fue crucificado... y *murió* en la cruz.

Jesús fue sepultado

Después de la muerte de Jesús, lo prepararon rápidamente para la sepultura, y lo pusieron en la tumba que era propiedad de José de Arimatea (Mateo 27:57-60).

Hay quienes, después de aceptar esta realidad, alegan que los discípulos de Jesús robaron su cuerpo y propagaron el mito de su resurrección.

Sin embargo, vemos de nuevo que sus enemigos se aseguraron de que aquello no pudiera suceder. El cuerpo de Jesús fue puesto en un sepulcro que a continuación fue cerrado con una inmensa piedra, y sellado por los soldados romanos. El sello consistía en una cuerda que se colocaba de un lado a otro del sepulcro, y se le echaba cera encima. En esa cera se imprimió el sello de Roma, y junto al sepulcro se apostaron soldados romanos para garantizar que nadie se robara el cuerpo. Ellos sabían que había sido predicho que Jesús resucitaría al cabo de tres días, y no querían que sus discípulos se robaran el cuerpo y causaran un motín (Mateo 27:63-66). Los enemigos de Jesús se aseguraron de que Él permaneciera en la tumba, y de que nadie se fuera a llevar el cuerpo.

Hicieron bien su trabajo, porque *nadie* se robó el cuerpo de Jesús de aquel sepulcro.

La tumba vacía

Jesús murió y fue sepultado, pero tres días más tarde, su sepulcro estaba vacío. Tampoco hay muchos que discutan este punto. Todo el mundo reconoce que *algo* le sucedió a su cuerpo, porque el domingo posterior a la Pascua, unas mujeres fueron a ponerle especias en la tumba y hallaron que la piedra había sido rodada de su lugar, y que el sepulcro estaba vacío. Jesús ya no estaba allí. Sin embargo, no comprendieron lo que había sucedido, y supusieron que alguien se había llevado el cuerpo (Juan 20:2).

Aquellas mujeres eran «María Magdalena, y Juana, y María madre de Jacobo, y las demás con ellas» (Lucas 24:10). Lo que hicieron fue regresar e informarles a los discípulos sobre lo que habían visto. Los discípulos también se sintieron sobresaltados y no podían creer que el cuerpo hubiera desaparecido. Tenían que verlo con sus propios ojos.

Pedro y Juan corrieron hacia el sepulcro. Dentro vieron los lienzos funerarios, que no estaban desgarrados, ni se los habían llevado con el cuerpo robado, sino que estaban allí mismo, puestos de una manera ordenada (Juan 20:6-7). El cuerpo no había sido robado, sino que había atravesado los lienzos... y estaba vivo.

Como si las evidencias físicas no fueran suficientes, Dios envió ángeles a explicarlas (Mateo 28:5-7; Marcos 16:5-7; Lucas 24:4-7; Juan 20:12). De esta manera, la resurrección no fue confirmada solo por las evidencias físicas, sino también por los mensajeros divinos.

Jesús se les aparece

También quedó confirmada por muchas apariciones personales del Señor resucitado: las evidencias más convincentes de todas. Los discípulos vieron ellos mismos a Jesús vivo.

Aun así, hay quienes alegan que los discípulos solo *pensaron* que veían a Jesús; en realidad, se trataba de una ilusión o de una fantasía. Sin embargo, esta supuesta ilusión se difundió demasiado para ser una visión producto de la imaginación.

Jesús fue visto en el día de su resurrección por María Magdalena (Juan 20:14-17), por diez discípulos que estaban en el aposento alto (vv. 19-23) y por dos discípulos que iban por el camino de Emaús (Lucas 24:13-31). Ocho días más tarde, fue visto por Tomás y por los otros diez discípulos, de nuevo en el aposento alto (Juan 20:24-29). Algo más tarde, fue visto por los discípulos a orillas del mar de Galilea (21:1-14). También fue visto por una multitud de discípulos mientras ascendía al cielo, cuarenta días después de la Pascua (Hechos 1:3-11).

Después de su resurrección, Jesús fue visto por muchas personas en muchas ocasiones distintas. Esto tuvo que ser real.

Más tarde, Pablo diría en sus escritos que el Jesús resucitado había sido visto por Pedro y por los discípulos, por su hermano Jacobo y por más de quinientas personas al mismo tiempo (1 Corintios 15:5-7).

Jesús fue visto en muchos lugares, por muchas personas y en muchas ocasiones distintas. Aquello tuvo que ser real, y no ilusión; la misma fantasía no se produce en centenares de personas a un mismo tiempo.

Un cambio drástico

Nadie puede discutir la realidad de que la resurrección causó unos cuantos cambios drásticos en la vida de los seguidores de Jesús. Este hecho es innegable.

Uno de esos cambios, que tal vez no les parezca importante a muchos, es el hecho de que los discípulos cambiaran el día de adoración, pasándolo del sábado al domingo. El sábado era el día de reposo, el día en que Dios había descansado después de los seis días de la creación. La obligación de guardar el sábado formaba parte de la ley mosaica, y es el cuarto de los Diez Mandamientos: «Acuérdate del día de reposo para santificarlo. Seis días trabajarás, y harás toda tu obra; mas el séptimo día es reposo para Jehová tu Dios» (Éxodo 20:8-10). Sin embargo, fue el domingo, y no el sábado, el que se convirtió en día de reposo para la Iglesia antigua.

Jesús ya había indicado que Él poseía autoridad sobre el día de reposo: «El día de reposo fue hecho por causa del hombre, y no el hombre por causa del día de reposo. Por tanto, el Hijo del Hombre es Señor aun del día de reposo» (Marcos 2:27-28). Centró el reposo en sí mismo, y al hacerlo, lo extendió desde algo que solo era una práctica del pueblo judío, hasta algo que experimentaría el mundo entero, incluyendo a los gentiles.

De manera que, cuando los cristianos de la Iglesia antigua escogieron el domingo como el día en que se reunirían para adorar, su decisión se centraba en la resurrección de Cristo, y el mensaje universal que contenía.

El registro bíblico de este cambio en cuanto al día de reposo se encuentra en 1 Corintios 16:2, donde Pablo indica que se reúnan «cada primer día de la semana» para recoger una ofrenda, y en Hechos 20:7, donde se menciona «el primer día de la semana», cuando se hallaban «reunidos los discípulos para partir el pan».

Mientras que los judíos funcionaban bajo la Ley, los que han creído en Jesús viven ahora en la gracia. La gracia y la verdad vinieron en la persona de Jesús, y gracias a su resurrección, ahora vivimos esta nueva vida. El domingo, el día de la resurrección, es ahora el día de adoración para aquellos que han puesto su fe en Cristo.

El sacrificio máximo de los discípulos

Tal vez el mayor de los cambios que causó la resurrección fue el producido en la personalidad de los discípulos. Anteriormente habían sido tímidos, y se habían sentido temerosos y deprimidos después de presenciar el arresto y los sufrimientos de Jesús. En cambio, después de su resurrección se volvieron combativos, osados y repletos de gozo.

Pedro es un ejemplo de primera categoría. Él era el mismo que anteriormente había negado al Señor ante una modesta criada. En cambio, después de la resurrección, se iba a los atrios del templo a predicar, desafiando a los mismos hombres que habían llevado a Jesús a la cruz (Hechos 4:20).

Después de la resurrección, nada les pudo arrebatar a los discípulos su pasión.

Cuando observamos a los discípulos después de la resurrección, ¡vemos que tenían *vida*! Las circunstancias no les importaban. Tenían gozo en medio de los sufrimientos, y paz en medio de los disturbios. Nada les podía arrebatar esa pasión que brotaba de la vida perdurable que habían recibido de Cristo.

Los discípulos creían tanto en la resurrección, que dieron su vida por esparcir la noticia. El primero en morir fue Jacobo, el hermano de Juan, quien fue decapitado por orden del rey Herodes (Hechos 12:1-2). La tradición de la Iglesia sostiene que Juan sobrevivió de manera milagrosa cuando lo metieron en un caldero de aceite hirviendo, y que más tarde fue exiliado a la isla de Patmos. Pedro fue crucificado en Roma cabeza abajo; Mateo fue asesinado a espada en una ciudad distante de Etiopía; Jacobo, el hijo de Alfeo, fue lanzado desde un pináculo del templo, y después golpeado hasta matarlo con una herramienta de herrero; Felipe fue colgado contra una columna en Hierápolis, en Frigia; Bartolomé fue desollado vivo; Andrés fue atado a una cruz, y les estuvo predicando a sus perseguidores hasta morir; Tomás fue atravesado con una lanza en la India; Judas fue asaeteado hasta morir; Matías fue apedreado primero y después decapitado;

Marcos murió en Alejandría, Egipto, después de haber sido arrastrado cruelmente por toda la ciudad.

Permítame hacerle una pregunta: ¿Habría muerto usted por una mentira? Todos estos discípulos, ¿habrían soportado una persecución así por un muerto?

No. Ellos habían visto al Señor resucitado, y después entregaron su propia vida al servicio de Él. Ya no le tenían temor a la muerte, porque habían hallado el verdadero sentido de la vida. Fueron transformados, porque estaban viviendo en la vida de la resurrección.

La evidencia presentada por Pedro

De manera que hemos visto amplias evidencias históricas a favor de la resurrección de Jesús.

Anteriormente habíamos mencionado un enfoque único y más bien inesperado de la resurrección que hallamos en las Escrituras. Regresemos a él para explorarlo.

¿Cómo explicó Pedro la resurrección en el día de Pentecostés? Él era uno de los discípulos más cercanos a Jesús; había estado presente en el momento de la crucifixión, y había hablado con Jesús después de resucitar este de entre los muertos.

Sin embargo, en su sermón de Pentecostés, Pedro no presentó esas evidencias basadas en hechos. No dijo: «Yo sé que Dios lo resucitó, porque lo vi con mis propios ojos». En lugar de esto, lo que proclamó fue: «Yo sé que Dios lo resucitó, *por cuanto era imposible que fuese retenido por la muerte*». Esto es lo que se registra en Hechos 2:24 que dijo Pedro, donde se estaba refiriendo a Aquél «al cual Dios levantó, sueltos los dolores de la muerte, por cuanto era imposible que fuese retenido por ella».

Las palabras de Pedro significan la primera proclamación apostólica sobre la resurrección. Pedro estaba declarando, con una certeza absoluta: «Dios resucitó a Jesús; al hombre que ustedes clavaron en una cruz».

Recuerde que Pedro le estaba hablando a una multitud reunida en Jerusalén, la ciudad donde Jesús había muerto. Es probable que en esa multitud hubiera muchos testigos presenciales de la crucifixión de Jesús, que había tenido lugar menos de dos meses antes. Su ejecución había sido un suceso destacado en la ciudad, que sin duda se había mantenido como tema de discusión por largo tiempo. Pedro se estaba dirigiendo a un pueblo sumamente interesado en lo que él le estaba hablando.

Pedro proclamó que era imposible que la muerte retuviera a Jesús.

Vemos en las palabras que les dirige Pedro, que la resurrección era una realidad histórica a la par de la crucifixión; una realidad con resultados inmediatos y poderosos. Y sencillamente, la razón que Pedro les daba para la resurrección es esta: era imposible que la muerte lo pudiera retener.

El mundo dice hoy: «Es imposible que Jesús haya resucitado de entre los muertos». En cambio, Pedro dijo: «Es imposible que Jesús *no* resucitara de entre los muertos».

¿Cómo fue posible que Pedro hiciera una proclamación de este tipo? Su argumento no se basaba en el tipo de evidencias reales en las que pensaríamos nosotros, sino en otros dos puntos distintos.

En primer lugar, Pedro se apoyó en la naturaleza de la profecía bíblica. Al proclamar que era imposible que la muerte hubiera retenido a Jesús, hizo la observación de que David hablaba «de él» (Hechos 2:25). La resurrección de Cristo ya había sido profetizada. Y una vez que habla Dios, no hay más que añadir.

Jesús *debía* resucitar, porque la Palabra de Dios siempre es veraz; Él no se puede equivocar. Una vez que ha sido presentada la palabra profética, la naturaleza de Dios es tal, que no puede dejar de cumplirla.

Pedro cita el Salmo 16, y afirma que David estaba hablando de Cristo cuando dijo: «Porque no dejarás mi alma en el Hades, ni permitirás que tu Santo vea corrupción» (Hechos 2:27).

El apóstol les estaba susurrando al alma a aquellos judíos que estaban allí, de pie delante de él, porque los judíos sabían que una vez que Dios ha hablado a través de un profeta, lo dicho se puede dar por hecho.

Por supuesto, la resurrección de Cristo había sido predicha, no solo por profetas del Antiguo Testamento, sino por el propio Señor, como ya hemos visto: «Desde entonces comenzó Jesús a declarar a sus discípulos que le era necesario ir a Jerusalén y padecer mucho de los ancianos, de los principales sacerdotes y de los escribas; y ser muerto, y resucitar al tercer día» (Mateo 16:21). La profecía divina es una garantía de que la muerte no podría retener a Jesús en la tumba.

También hay otra razón por la que Pedro pudo presentar la resurrección como una realidad. Él se estaba refiriendo al significado mismo de la propia vida. Este argumento se basaba en la naturaleza de Cristo. Por ser Cristo quien Él es, resultaba imposible que la muerte lo pudiera retener en la tumba. Pedro estaba convencido de que la *vida* era la naturaleza de Jesús. Más tarde, él mismo hablaría de Jesús como «el Santo y el Justo» y el «*Autor de la vida*, a quien Dios ha resucitado de los muertos, de lo cual nosotros somos testigos» (Hechos 3:14-15). Jesús es ese Autor de la vida, y sin Él, no hay vida para nadie. Era imposible que Jesús permaneciera muerto, porque Él es la vida misma. Tenía que *salir* triunfante de aquella tumba, o negar su naturaleza misma como Autor de la vida.

La forma en que Pedro comprendía la naturaleza de Cristo está de acuerdo con aquello que los demás discípulos habían llegado a saber. Por ejemplo, el apóstol Juan comienza su evangelio diciendo: «En él estaba la *vida*, y la vida era la luz de los hombres» (Juan 1:4).

Jesús mismo había enseñado esto con gran claridad. A María y a Marta les había dicho: «*Yo soy la resurrección y la vida*; el que cree en mí, aunque esté muerto, vivirá» (11:25). Y a sus discípulos les había dicho: «*Yo soy* el camino, y la verdad, y *la vida*; nadie viene al Padre, sino por mí» (14:6).

También había dicho más acerca de su naturaleza «de vida» en estas otras palabras:

> Porque como el Padre tiene vida en sí mismo, así también ha dado al Hijo el tener vida en sí mismo; y también le dio autoridad de hacer juicio, por cuanto es el Hijo del Hombre. No os maravilléis de esto; porque vendrá hora cuando todos los que están en los sepulcros oirán su voz; y los que hicieron lo bueno, saldrán a resurrección de vida; mas los que hicieron lo malo, a resurrección de condenación. (5:26-29)

Aquí dice que el Padre —el cual «tiene *vida en sí mismo*»— también le ha dado a Él «el tener *vida en sí mismo*». Y esta vida no es algo que nadie le pueda arrebatar, porque Él es vida; Él es auto-existente por encima de eso que nosotros llamamos muerte. Vive para siempre, porque *es* vida, y se ha convertido en la fuente de la vida para todos los que crean en Él.

Advertimos antes acerca de la forma en que Satanás trata de impedir que nosotros veamos la verdad. Y la verdad de Dios incluye esto: lo único que nos condena, y que nos aparta de la vida eterna es el pecado sin perdonar. Satanás nos podrá tentar, burlarse de nosotros y ridiculizarnos con el pecado, pero no nos puede condenar. Cuando Cristo murió por nuestros pecados y después resucitó, se llevó lo único que nos separa de Dios: el pecado sin perdonar. Su resurrección demuestra que Él *es* la vida, y demuestra también que la vida eterna que nos ofrece si acudimos a Él en busca de la salvación, es genuina.

Y una vez que lleguemos a la conclusión de que, ante los ojos de Jesús, la muerte no es primordialmente física, entonces podremos llegar también a la conclusión de que la vida tampoco es primordialmente física. La resurrección a una vida nueva no es solo una transacción de tipo físico. Hay una transacción espiritual que se produce para darle vida nueva al creyente. Y el poder que resucitó a Cristo de entre los muertos es exactamente el mismo poder que *nosotros* experimentamos cuando caminamos en Cristo, el dador de la vida eterna.

Esto es lo que nos dice el apóstol Pablo: «Porque si fuimos plantados juntamente con él en la semejanza de su muerte, así también lo seremos en la de su resurrección» (Romanos 6:5).

Ésta es la esencia misma de la salvación: una vida nueva en Cristo Jesús.

Capítulo 5

LA REALIDAD DE LA ETERNIDAD: ÉL VIVE

No temas; yo soy el primero y el último; y el que vivo, y estuve muerto; mas he aquí que vivo por los siglos de los siglos, amén. Y tengo las llaves de la muerte y del Hades.

Apocalipsis 1:17

Los seres humanos siempre se han sentido perseguidos por el pensamiento de la muerte. Sin embargo, ahora que Cristo ha resucitado, ya no tenemos por qué temerle. La muerte ha perdido su aguijón; podemos escapar al castigo eterno por el pecado y, con él, a la separación eterna con respecto a Dios. La catedral de Milán, en Italia, es la segunda en tamaño entre todas las catedrales góticas del mundo. En los arcos que se hallan sobre un pórtico triple hay tres inscripciones. La de la derecha dice: «Todo lo que agrada solo es para un momento». La de la izquierda dice: «Todo lo que preocupa solo es para un momento». Y sobre la puerta central se hallan estas palabras: «Nada tiene importancia, sino solo aquello que es eterno».

Aunque esto parezca algo obvio, lo cierto es que la eternidad es para siempre. La vida en la Tierra es temporal, pero la eternidad nos espera a todos. Lo trágico es que aquí, muchas personas piensan pocas veces en la eternidad; mucho menos en prepararse para ella. No obstante, estemos preparados o no, todos los seres humanos nos enfrentaremos a ella, y nos daremos cuenta de las consecuencias de nuestra preparación.

Conozca la verdad

Una cierta maestra se vio atrapada en un negocio falso en el cual invirtió todos los ahorros de su vida. Nunca había hecho aquel tipo de inversiones, pero un corredor de bolsa de palabra fácil la convenció, prometiéndole riquezas. Cuando el negocio fracasó, y la mujer perdió todo su dinero, se puso en contacto con *Better Business Bureau* [Agencia de Negocios Mejores]. No necesitaron mucho tiempo para ayudarla a ver que todo había sido tramado desde el mismo principio.

Entonces le preguntaron: «¿Por qué no acudió antes a nuestra agencia? ¿Por qué no nos pidió consejo?».

Ella bajó la cabeza y contestó: «Pensé hacerlo, pero tenía miedo de que ustedes me dijeran que no lo hiciera». No quiso oír la verdad, y eso le costó los ahorros de toda su vida.

Muchas personas no quieren oír la verdad acerca de Dios, y por eso no tratan de buscarlo. Sin embargo, esa actitud les podría costar la vida eterna.

La Biblia dice la verdad cuando habla de que Jesús es el único camino a la vida eterna. «Porque hay un solo Dios, y un solo mediador entre Dios y los hombres, Jesucristo hombre» (1 Timoteo 2:5). ¿Cuál es el motivo de que Jesús sea el único a través del cual podamos ir al cielo? *La resurrección.*

La resurrección de Jesús es única entre todas las religiones del mundo. Todos los líderes religiosos que han caminado sobre la Tierra han muerto, y siguen muertos hasta el día de hoy. Solamente Jesús fue resucitado de entre los muertos; no resucitado de vuelta a la vida anterior, sino resucitado a una vida nueva.

> *Son muchos los que no quieren oír la verdad acerca de Dios, así que no tratan de buscarla.*

Si Jesús no hubiera resucitado, no habría sido más que ningún otro de los buenos maestros religiosos que han venido a este mundo, antes o después de Él. De hecho, como nos dice Pablo, «si Cristo no resucitó, vuestra fe es vana; aún estáis en vuestros pecados» (1 Corintios 15:17).

Jesús es la verdad

Recuerde de nuevo que Jesús vino *desde la eternidad.* Hizo su entrada en el tiempo y el espacio, y vivió en esta tierra para comunicarnos la verdad acerca de la vida eterna y proporcionarnos la manera de llegar con seguridad a ella. Su punto de vista sobre la vida y la muerte es muy diferente al nuestro... y es Él quien nos está diciendo la verdad. Nos dice: «No temas», y después declara: «Yo soy el primero y el último; y el que vivo, y estuve muerto; mas he aquí que vivo por los siglos de los siglos, amén. Y tengo las llaves de la muerte y del Hades» (Apocalipsis 1:17-18).

Ya hemos descrito cómo definía Jesús la vida y la muerte. No obstante, oigámoslo de nuevo: lo que nosotros llamamos «muerte», para Cristo no tiene nada de muerte; es un dormir. Él no nos vino a salvar de ese dormir, sino a liberarnos de la muerte. Todos dormiremos, tanto santos como pecadores, ¡pero no todos moriremos!

Por esa razón, lo más importante de todo en cuanto a la muerte y la resurrección de Cristo no fue físico, sino espiritual. Ambas cosas le sucedieron: durmió y murió. Estaba físicamente muerto, y también espiritualmente muerto, porque la paga del pecado es *muerte*; separación espiritual con respecto al Padre celestial.

Lo más importante con respecto a la muerte y la resurrección de Cristo no fue físico, sino espiritual.

Una vez pagado por completo el precio del pecado por medio de la muerte de Cristo, el Padre celestial lo levantó de entre los muertos, tanto física como espiritualmente. No fue una resucitación, sino una resurrección. Había vencido al pecado y a la muerte, y su resurrección es prueba positiva de ello.

Jesús estaba diciendo la verdad cuando pronunció estas palabras: «Yo soy la resurrección y la vida; el que cree en mí, aunque esté muerto, vivirá. Y todo aquel que vive y cree en mí, no morirá eternamente» (Juan 11:25-26). Él vino desde el cielo hasta este mundo, después fue llevado a la tumba, a continuación volvió a este mundo, y al final regresó al cielo, así que *sabía* de lo que estaba hablando.

Gracias a Cristo, la tumba no es el fin para nosotros; no tenemos por qué temerle. Su resurrección demostró que más allá de la muerte física hay un lugar más maravilloso que todo cuanto podamos imaginar, en la presencia de Dios.

Cuando Jesús dijo que tendríamos vida abundante, estaba hablando de la *vida eterna*. Porque Él vive, también nosotros viviremos. La resurrección es un estado en el cual los creyentes *disfrutan* de su destino eterno: una vida más allá de esta vida.

La vida eterna

La resurrección es la evidencia más clara de que la eternidad es real, y de que lo debemos ver todo contra el telón de fondo de esa eternidad. En muchas ocasiones, Jesús dijo que aquellos que creyeran en Él nunca morirían. Sin embargo, todos los días «mueren» creyentes; es decir, su cuerpo físico muere y es entregado de nuevo al polvo. Si la prioridad de Jesús fuera la vida en la Tierra, habría abolido nuestra muerte física. Sin embargo, no es eso lo que hizo, porque no era esa su prioridad. Estaba centrado en la eternidad. Lo que la resurrección realizó fue darnos vida para siempre.

Con respecto a lo que Jesús logró por medio de su cruz y su resurrección, la Biblia dice que «habiendo sido perfeccionado, vino a ser autor de eterna salvación para todos los que le obedecen» (Hebreos 5:9). Jesús vino desde la eternidad, y se llevará a la eternidad a todos aquellos que crean en Él. La resurrección demostró que la muerte no lo podía retener en la tumba, y que tampoco tenía poder alguno sobre Él. Y porque Él es eterno, reciben esta naturaleza eterna todos los que están en Él.

Su promesa es sorprendente: «Todo aquel que vive y cree en mí, no morirá eternamente» (Juan 11:26). La resurrección no fue para lograr una salvación terrenal, sino una *salvación eterna*.

La muerte eterna

Observe con todo cuidado que el poder de resurrección prometido solo se aplica a aquellos que lo obedecen a Él. La eternidad nos espera a todos, pero la vida nueva solo es para aquellos que obedezcan.

El escritor de la epístola a los Hebreos menciona la doctrina del «*juicio* eterno» (6:2). Sí, la eternidad espera a todos los seres humanos. Unos disfrutarán de vida eterna, mientras que otros tendrán que soportar una muerte eterna.

Jesús hablaba con frecuencia acerca de la realidad de la eternidad, tanto para los creyentes como para los incrédulos. En Mateo 25:31-46, hizo una larga descripción de la forma en que el «Hijo del Hombre» juzgará a todas las naciones. Irá separando a todos, como un pastor separa las ovejas de las cabras. A unos les dirá: «Venid, benditos de mi Padre, heredad el reino preparado para vosotros desde la fundación del mundo» (v. 34). A los demás les dirá: «Apartaos de mí, malditos, al fuego eterno preparado para el diablo y sus ángeles» (v. 41).

La última afirmación que hace en este pasaje refleja su manera de entender la eternidad: «E irán éstos al castigo eterno, y los justos a la vida eterna» (v. 46).

Los reinos eternos

La Biblia habla de que existen dos reinos en este mundo: el reino de Dios y el reino de Satanás. Uno de ellos es el reino de la luz, mientras que el otro es el reino de las tinieblas.

El mal es una realidad. Existe fuera de usted y de mí, y fuera de nuestras acciones individuales. Mucho antes que nosotros naciéramos, ya el pecado estaba en el mundo. Pablo lo explica de esta manera: «Porque no tenemos lucha contra sangre y carne, sino contra principados, contra potestades, contra los gobernadores de las tinieblas de este siglo, contra huestes espirituales de maldad en las regiones celestes» (Efesios 6:12). El mal es un gran poder que está obrando continuamente; un gran reino que lucha por obtener la supremacía sobre todas nuestras vidas.

En las Escrituras, el «reino de las tinieblas» o el hecho de «andar en tinieblas» representan todo lo que es enemigo de Dios y de sus propósitos con respecto a la vida de usted. Andar en tinieblas significa vivir de tal forma, que apenas pensamos en Dios alguna vez, y si pensamos en Él, no es para considerarlo como el que es «luz, y no hay ningunas tinieblas en él» (1 Juan 1:5). Se piensa en Él más bien como una especie de tierna figura paternal, lista a sonreír ante nuestros fallos, que nos va a dar una palmadita en la cabeza y que, basado en nuestra bondad y en la de Él, nos concederá la entrada al cielo algún día, cuando muramos. En eso consiste andar en tinieblas.

Son muchas las personas que no comprenden cómo es Dios en realidad. No comprenden su propia situación al ser comparados con el telón de fondo de la eternidad. No se dan cuenta de que la naturaleza misma de la humanidad es pecadora, y opuesta a Dios en todo sentido. Sin embargo, solo tendríamos que mirar a la cruz para saber que Dios toma en serio el pecado, y que no lo va a permitir en ese lugar perfecto que llamamos cielo.

Muchas personas no entienden que la naturaleza misma de la humanidad es pecaminosa, y opuesta a Dios en todo sentido.

Hay una distancia increíble entre Dios y la humanidad pecadora. ¿Cuánta distancia hay entre la luz y las tinieblas? Ni siquiera pueden estar en el mismo lugar. Si hay alguna luz, por poca que sea, entonces no hay oscuridad. De igual manera, vivir en un estado de pecado significa que la persona ha sido alejada por completo del Dios de la luz, y que necesita con toda urgencia un Salvador.

La eternidad es real, y de aquí que se necesite la resurrección. Por consiguiente, Jesús es la clave de la vida eterna. Es Aquél que murió por nuestros pecados, y después se levantó victorioso sobre el pecado y la muerte.

Escuche de nuevo estas palabras de nuestro Señor resucitado: «No temas; yo soy el primero y el último; y el que vivo, y estuve muerto; mas he aquí que vivo por los siglos de los siglos, amén. Y tengo las llaves de la muerte y del Hades» (Apocalipsis 1:17-18). Él vive «por los siglos de los siglos»; ¡qué proclamación tan maravillosa! Esa es la esperanza que tenemos en Jesucristo.

Las reuniones espirituales

Melvin Wells Sr., uno de los grandes hombres de nuestra familia, pasó recientemente a mejor vida. Era un diácono cristiano consagrado, había participado en la fundación de iglesias, y se había retirado de su negocio a una edad temprana con el fin de irse al África. Llevó una vida santa que nos inspiró a todos los que vinimos después de él.

Según el punto de vista de Jesús, ¿murió este hombre? No; ahora duerme. Melvin Wells Sr. puso su fe en Jesucristo, y *no puede* ver la muerte. La resurrección lo ha salvado de la muerte, y le ha dado nueva vida en Cristo.

Otro santo de nuestra familia fue Gerald Sanders Blackaby. Él también siguió toda su vida al Señor resucitado. Era un hombre de negocios con una misión dada por Dios. Aunque su profesión era la banca, fundaba iglesias en todas las poblaciones donde lo colocaban. Siendo laico, aprendió griego él solo para poder predicar con una comprensión mayor. Defendía lo que era correcto en las reuniones de los ayuntamientos, y a la familia le dejó una rica herencia de fe. ¿Murió? Por supuesto que no. Está vivo en la presencia del Cristo resucitado. Su cuerpo físico estará sepultado en el suelo, pero su espíritu vive para siempre en la eternidad.

¿Por qué podemos tener la seguridad de que algún día tendremos una reunión familiar espiritual? *Por la resurrección*, que tiene que ver toda ella con la eternidad. ¿Qué otra razón habría para que Jesús viniera a la tierra a morir por nuestros pecados? ¿Por qué habría de resucitar a nueva vida y regresar para darles ánimo a sus seguidores?

Gracias a la resurrección, podemos estar seguros de que un día tendremos una reunión familiar espiritual.

El Padre nos ama, y nos ha proporcionado una manera de recibir la salvación eterna. En realidad, en esta vida ninguna otra cosa importa más que asegurarnos nuestro destino eterno.

Las prioridades eternas

Cuando Jesús envió a setenta de sus seguidores para que predicaran y le abrieran camino a fin de visitar diversas poblaciones (Lucas 10:1-20), se aseguró de que tuvieran siempre presente la eternidad. Esto era lo que tenían que proclamar: «Se ha acercado a vosotros el reino de Dios» (v. 9).

Cuando ellos regresaron de esta misión, le informaron sobre los asombrosos éxitos y milagros realizados a través de sus manos. Como habían ido en el poder del nombre de Jesús, fueron testigos de lo imposible. Hasta los demonios caían, sometidos a su autoridad (v. 17).

Aquel informe sobre un ministerio tan exitoso era alentador, pero Jesús lo mantuvo dentro de la perspectiva correcta. Esto es lo que les dijo a aquellos hombres:

> Yo veía a Satanás caer del cielo como un rayo. He aquí os doy potestad de hollar serpientes y escorpiones, y sobre toda fuerza del enemigo, y nada os dañará. Pero no os regocijéis de que los espíritus se os sujetan, sino regocijaos de que vuestros nombres están escritos en los cielos. (vv. 18-20)

Sus palabras son una fuerte manera de recordarnos que no nos dejemos distraer por el éxito. No busque su gozo en sus logros. No busque su identidad en las cosas que hace, ni en el trabajo que tiene.

En cambio, regocíjese en esto, y solo en esto: *¡su nombre está escrito en los cielos!* Regocíjese en el hecho de que Dios lo haya escogido, de que Dios lo haya bendecido, de que Dios esté obrando a través de usted. Su mayor gozo se encuentra en su relación con Dios, que le ha abierto el camino para que pueda disfrutar de la eternidad con Él. Y por medio de su vida, está obrando para traer a otros a la vida eterna gracias al Evangelio de Jesucristo.

Nunca nos debemos dejar distraer por nuestras buenas obras, ni por un ministerio exitoso; debemos limitarnos a sentirnos agradecidos por nuestra salvación. Debemos sentir una gratitud infinita porque hemos sido rescatados del pecado, y hemos nacido en la familia de Dios, sobre todo sabiendo lo que costó proporcionarle la vida eterna.

Ser cristiano no significa tratar de llevar una vida buena, tratar de ser mejor que todos los demás o creer las doctrinas correctas. Significa una relación con el Señor resucitado. Significa vivir la nueva vida que Él nos proporcionó a través de la resurrección. Esa realidad deja un impacto en todos los aspectos de nuestra vida. Establece nuevas prioridades, y somete lo temporal a lo eterno.

La resurrección lo cambia todo. Cambia la forma en que criamos a nuestros hijos, porque ahora comprendemos que su alma es eterna. Cambia la forma en que invertimos nuestro dinero, porque todas las cosas materiales serán quemadas, y solo perdurará aquello que sea eterno. Cambia la forma en que usamos nuestro tiempo, porque el tiempo que tenemos en la Tierra es corto, mientras que la eternidad es para siempre. Cambia la forma en que vemos a las personas, porque aunque nos parezcan realmente malvadas, no queremos ver que nadie sea enviado al juicio eterno.

La principal preocupación de Jesús consistía en asegurarles la vida eterna a nuestras almas.

¿Cuál es la prioridad en su propia vida?

TERCERA PARTE

La resurrección en la experiencia del creyente

Capítulo 6

LA VIDA DE RESURRECCIÓN

A fin de conocerle, y el poder de su resurrección, y la participación de sus padecimientos, llegando a ser semejante a él en su muerte, si en alguna manera llegase a la resurrección de entre los muertos.

Filipenses 3:10-11

La cruz y la resurrección tuvieron su origen en el corazón de Dios. Se convirtieron en realidad en la vida de Jesucristo, el Hijo de Dios. Sin embargo, es *nuestra* vida la que golpean con toda la fuerza de su impacto; *nosotros* somos la razón por la cual el Padre envió a su Hijo. La cruz y la resurrección no pasaron por causa de Jesús, sino por nuestra causa.

Y como resultado de lo que el Padre ha hecho, la resurrección es algo que los creyentes pueden experimentar en su vida diaria... al mismo tiempo que es algo que experimentaremos por toda la eternidad.

Temor y gran gozo

Dediquemos un momento a la lectura del relato que hace Mateo sobre ese día de importancia máxima dentro de la historia humana; el día en que Jesús resucitó de entre los muertos:

> Pasado el día de reposo, al amanecer del primer día de la semana, vinieron María Magdalena y la otra María, a ver el sepulcro. Y hubo un gran terremoto; porque un ángel del Señor, descendiendo del cielo y llegando, removió la piedra, y se sentó sobre ella. Su aspecto era como un relámpago, y su vestido blanco como la nieve. Y de miedo de él los guardas temblaron y se quedaron como muertos. Mas el ángel, respondiendo, dijo a las mujeres: No temáis vosotras; porque yo sé que buscáis a Jesús, el que fue crucificado. No está aquí, pues ha resucitado, como dijo. Venid, ved el lugar donde fue puesto el Señor. E id pronto y decid a sus discípulos que ha resucitado de los muertos, y he aquí va delante de vosotros a Galilea; allí le veréis. He aquí, os lo he dicho. Entonces ellas, saliendo del sepulcro con temor y gran gozo, fueron corriendo a dar las nuevas a sus discípulos. (Mateo 28:1-8)

El poder de la resurrección tuvo efectos dramáticos. Vino acompañado de «un gran terremoto», y un ángel cuyo «aspecto era como un relámpago, y su vestido blanco como la nieve». La inmensa piedra que sellaba la entrada fue quitada de en medio con toda facilidad por el ángel, quien la usó para sentarse encima de ella. Los aguerridos soldados romanos se sintieron sobrecogidos de miedo y se desmayaron, quedando «como muertos».

Este poder de resurrección no era de este mundo. Se hallaba por encima del alcance de toda experiencia terrenal. El mundo manifiesta su poder a base de tomar vidas; en cambio, Dios lo demuestra a base de dar vida. ¿Cuánto poder cree usted que hace falta para darle vida a algo que está muerto? Ese mismo poder es el que Dios ha utilizado para libertarlo a usted del pecado y de sus mortales consecuencias.

El mundo manifiesta su poder quitando la vida; Dios manifiesta el suyo dándola.

Y de la misma forma que aquellas mujeres reaccionaron ante la resurrección con «temor y gran gozo», también nosotros nos sentimos abrumados ante sus posibilidades. La vida nueva siempre trae consigo gran gozo, pero el poder de la resurrección también nos inspira una sensación de temor. Muy pronto nos damos cuenta de que se halla fuera del alcance de nuestra experiencia. No es algo que nosotros podamos controlar; al contrario, es algo que nos controla a nosotros. Lo divino ha interactuado con lo mortal. La eternidad ha entrado al tiempo.

No tenemos punto de referencia previo alguno en cuanto a la resurrección. Es un acto exclusivamente divino, realizado solo por Dios.

La muerte precede a la resurrección

La resurrección es el poder de Dios para dar nueva vida. Es el poder necesario para hacerlo entrar en el Lugar Santísimo, el lugar del contacto directo y personal con el Dios viviente.

Este poder de resurrección está al alcance de todos los seres humanos, con una sola condición: *es necesario morir.* El poder de la resurrección se halla en la capacidad para morir. Este poder de la resurrección se halla al otro lado de una decisión consciente de morir a nosotros mismos y entregarle nuestra vida a Cristo. Es necesario que la voluntad tome la decisión de ser crucificada con Cristo, para que el Padre nos pueda resucitar a una vida nueva.

¿Está comenzando ya a comprender que no estamos hablando de la muerte física? Todos los seres humanos morirán físicamente, pero no todos resucitarán a una nueva vida, porque esta «nueva vida» comienza en el momento en que aceptamos a Jesucristo como Señor y Salvador. La muerte física solo es el momento que revela quién es el que ha recibido esta vida nueva, y quién sigue estando muerto. La muerte física levanta la cortina para revelar el estado real de nuestra alma. Revela si hemos nacido de nuevo; si el Cristo resucitado ha entrado a nuestra vida para darnos vida eterna.

Crucificados con Cristo

Muchos cristianos miran a la cruz y aceptan la realidad de que Jesús fue el único sacrificio verdadero por nuestros pecados. Reflexionan sobre ese gran acontecimiento y dicen: «Cristo murió por mí, que soy un pecador. Le estoy muy agradecido por haber ocupado mi lugar en la cruz». Y aunque eso es cierto —que solo el Hijo perfecto de Dios pudo satisfacer el requisito de cargar con nuestros pecados en la cruz—, eso no significa que nosotros mismos no vayamos a la cruz.

Pablo escribió: «Con Cristo estoy juntamente crucificado, y ya no vivo yo, mas vive Cristo en mí» (Gálatas 2:20). Fue más allá de limitarse a decir que alguien había sido crucificado en su lugar. Dijo que *él* había sido crucificado *con* Cristo.

A nosotros nos es difícil comprender plenamente lo que Pablo estaba diciendo. En cierto sentido, había experimentado un toque de lo que Cristo sufrió en aquella cruz. De alguna manera, en algún momento de su vida, había permanecido el tiempo suficiente al pie de la cruz para comenzar a experimentar dentro de sí mismo el dolor y la agonía que sintió Cristo. Él había sufrido ese dolor y esa agonía en lugar de Pablo, y Pablo había internalizado esa experiencia. Y como resultado, nunca volvería a ser el mismo de antes.

La muerte de Cristo causó literalmente que Pablo muriera a sí mismo y viviera para Cristo. Había comprendido las profundidades de lo que el pecado le había hecho al Señor y, en su espíritu, había ido a la cruz y muerto con Él. Se había tomado el tiempo necesario en la cruz para comprender aquel suceso de manera muy íntima; tanto, que pudo afirmar: «Con Cristo estoy juntamente crucificado, y ya no vivo yo, mas vive Cristo en mí».

En nuestra vida también debemos llegar a un punto en el que podamos decir de verdad: «Con Cristo estoy juntamente crucificado».

La victoria está en Cristo

Para algunos, esto constituirá entrar en una zona que es muy extraña a su manera de pensar. Otros podrán sonreír, porque saben con exactitud de qué estamos hablando aquí. Con todo, digámoslo de nuevo: el secreto del poder de la resurrección está en que debemos morir antes de poder resucitar. Es necesario eliminar nuestro pecado. Tal como enseñó Jesús, el que trate de salvar su vida, la perderá. Pero el que pierda la vida por amor a Él, la hallará.

Recuerde la vida de Jesús. ¿Acaso se resucitó a sí mismo? No; fue el Padre quien lo levantó de entre los muertos. ¿Cuál fue el papel que desempeñó Jesús? *Jesús murió*. Obedeció al Padre hasta la muerte.

¿Qué papel desempeñó Jesús en la resurrección? Murió. Obedeció al Padre hasta la muerte.

De una manera similar, el poder de la resurrección es lo que obra el Padre en nosotros cuando morimos a nosotros mismos y tomamos la decisión de vivir en Cristo. *Nosotros morimos; el Padre nos resucita.*

No nos resucita a una vida mejor, sino a una vida nueva. El apóstol Pablo experimentó esta nueva vida en Cristo, que describiría de esta manera:

> Porque el amor de Cristo nos constriñe, pensando esto: que si uno murió por todos, luego todos murieron; y por todos murió, para que los que viven, ya no vivan para sí, sino para aquel que murió y resucitó por ellos. [...] De modo que si alguno está en Cristo, nueva criatura es; las cosas viejas pasaron; he aquí todas son hechas nuevas. (2 Corintios 5:14-15, 17)

Jesús murió por nosotros, a fin de que nosotros pudiéramos vivir para Él. Alejados de Él, seguimos estando en nuestro pecado, y nos mantenemos en un estado de separación con respecto a Dios. Ponga atención a lo siguiente: Físicamente, nacemos y vivimos hasta que morimos; *progresamos hacia la muerte física.* Espiritualmente, estamos muertos hasta que recibimos vida en Cristo; *progresamos hacia la vida eterna.*

Es decir, que el Reino de Dios es lo diametralmente opuesto al reino del mundo. Estamos desesperadamente muertos en el pecado, hasta que se nos otorga la nueva vida en Cristo por medio del poder de su resurrección. Pablo lo describe de esta forma:

> Pero Dios, que es rico en misericordia, por su gran amor con que nos amó, aun estando nosotros muertos en

> pecados, nos dio vida juntamente con Cristo (por gracia sois salvos), y juntamente con él nos resucitó, y asimismo nos hizo sentar en los lugares celestiales con Cristo Jesús. (Efesios 2:4-6)

La restauración de relaciones

Nuestro pecado nos ha dejado separados de Dios. Si se nos abandona a nuestras propias fuerzas, estamos espiritualmente muertos, y no podremos conocerlo. Ese pecado, si no es eliminado, nos destruirá eternamente. No podremos conocer la vida abundante, como Dios quería. Porque, a menos que muramos a nosotros mismos, será inevitable que nuestro pecado quebrante nuestra relación con el Dios santo.

Yo (Mel) pasé por tiempos tormentosos en la escuela secundaria, mientras estaba probando la vida. Como consecuencia, fui llamado a la oficina para tener una reunión con el subdirector. Al parecer, había faltado a una gran cantidad de clases, aunque no hacía tanto que había comenzado el año escolar. No; no había estado enfermo. Sencillamente, había tenido cosas mejores que hacer. No es que estuviera haciendo muchas cosas terribles. Todo lo que pasaba era que estaba más interesado en divertirme, que en asistir a clases. El subdirector y yo tuvimos una buena conversación muy franca, en la cual me hizo saber con toda claridad que yo estaba equivocado, mientras que él estaba en lo cierto.

Aquel mismo día, más tarde, tenía un juego de fútbol. Dio la casualidad que mi padre se presentó para apoyar a su hijo. Lamentablemente, el subdirector también era fanático del fútbol, y estaba de pie junto a las líneas del campo cuando llegó mi padre. Se conocían, así que hablaron entre sí, creo que durante todo el juego. Yo estaba seguro de que había sido delatado, y ahora mi padre estaba consciente del problema en el que estaba metido.

Cuando mi padre se ofreció a llevarme en auto a la casa después del juego, lo evité. «No, gracias. Voy a caminar hasta casa con mis amigos.» Y créame que me tomé todo el tiempo del mundo.

Cuando por fin llegué a casa, tenía miedo de entrar por la puerta. Estaba seguro de que mi padre dejaría caer la bomba. Así que me deslicé calladamente hasta mi cuarto sin que él se diera cuenta de que yo había llegado.

Entonces sucedió. Oí que me llamaba: «¡Mel!». Estaba seguro de que había hablado con mi madre, y habían trazado el plan de juego para mi castigo, de manera que estaban listos para sacudirme con la mala noticia. Otra vez lo oí decir: «¡Mel… es hora de la cena!». Eso era todo.

A menos que muramos a nosotros mismos, será inevitable que nuestro pecado quebrante nuestra relación con el Dios santo.

Así que me uní al resto de la familia para cenar, pero nada me supo bien. No pude comer. Estaba deshecho.

Después de la cena, regresé a mi cuarto y esperé ansioso el enfrentamiento. Sin embargo, nunca llegó. De hecho, hasta el día de hoy no he podido saber si mi padre llegó a enterarse algo acerca de mi conversación con el subdirector.

Mi relación con mi padre se volvió tirante, y sin embargo, él no había hecho nada para causar aquella tirantez. Estaba viviendo el resultado de mis propias acciones, y aquello me estaba comiendo por dentro. ¿Había cambiado mi padre? No. ¿Había cambiado mi hogar? No. ¿Había cambiado mi corazón? ¡Sí! Estaba sintiendo el peso de mi pecado. Como consecuencia de aquello, mantuve una relación tirante con mis padres.

Lo mismo sucede en nuestra relación con el Padre celestial. Nuestro pecado crea una separación; daña la relación. Sin embargo, no es *Él* quien ha cambiado; todo es únicamente consecuencia de nuestro pecado.

Lo que usted esté experimentando en su vida es la suma total de las decisiones que haya tomado con respecto a Dios. Él le ha ofrecido el que se decida a hacer de Jesucristo el Señor de su vida. Él puede eliminar su pecado, y facilitarle una entrada segura a la eternidad, donde disfrutará de una relación perfecta con su Padre celestial.

ÉL LO GUIARÁ

Hay un relato relacionado con un musulmán del África que se hizo cristiano. Algunos de sus amigos le preguntaron: «¿Por qué te has hecho cristiano?».

Él les respondió: «Bueno, este es el asunto. Supongamos que ustedes van por un camino, y de repente el camino se divide en dos, pero no saben cuál de los dos ramales tomar. En la encrucijada hay dos hombres, uno muerto y el otro vivo. ¿A cuál de los dos le preguntarían cuál camino tomar?».

Jesús está vivo, y podemos confiar en que Él nos guiará a la eternidad con su Padre. La resurrección es prueba de que sabe de lo que está hablando.

Jesús vive, y podemos confiar en que nos guíe hacia la eternidad con su Padre.

Recordemos una vez más que cuando la Biblia habla de la resurrección en su aplicación a nuestra vida, casi siempre está hablando del poder para vencer al pecado. La resurrección tiene que ver con mucho más que con el hecho de ir al cielo cuando muramos. De hecho, su poder consiste primordialmente en tener fortaleza para hoy. Nos da la victoria sobre el pecado y echa abajo el muro que nos separa de Dios. Nos libera del dominio de las tinieblas para llevarnos al reino de la luz. Nos proporciona una relación con el Cristo resucitado, quien nos ama y dio su vida por nosotros. Es lo que abre la puerta a todo lo que Dios les ha prometido a quienes pongan su confianza en Él.

La vida tiene mucho más que dar, y que se encuentra en la muerte y la resurrección de Jesucristo.

La muerte y la resurrección van juntas; la muerte al yo y la vida con Cristo no se pueden separar. Pablo describe con estas palabras lo que esto ha significado personalmente para él:

> Pero cuantas cosas eran para mí ganancia, las he estimado como pérdida por amor de Cristo. Y ciertamente, aun estimo todas las cosas como pérdida por la excelencia del conocimiento de Cristo Jesús, mi Señor, por amor del cual lo he perdido todo, y lo tengo por basura, para ganar a Cristo, y ser hallado en él, no teniendo mi propia justicia, que es por la ley, sino la que es por la fe de Cristo, la justicia que es de Dios por la fe; a fin de conocerle, y el poder de su resurrección, y la participación de sus padecimientos, llegando a ser semejante a él en su muerte, si en alguna manera llegase a la resurrección de entre los muertos. (Filipenses 3:7-11)

Pablo sentía un sincero anhelo de tener la experiencia de conocer a Cristo. Quería experimentar de manera íntima, tanto el poder de su resurrección como la participación en sus padecimientos, y ambas cosas van mano a mano. Anhelaba tanto experimentar el poder de la resurrección, que estaba dispuesto a ser conformado a la muerte de Cristo.

El precio a pagar

Nos gusta volar en avión, pero los viajes a través del océano pueden ser difíciles para el cuerpo. Un viaje para hacer obra misionera en África se cobra su precio, pero vale la pena, por los beneficios que produce.

Sin embargo, supongamos que alguien dijera: «Me encantaría tener la experiencia de hacer un viaje misionero al África, pero no quiero subir a un avión. *De veras* que quisiera ir... pero no me atrevo. El viaje me resultaría demasiado difícil». Si fuera esta su actitud, nunca tendría la experiencia de ir al África, por mucho que quisiera hacerlo, porque no es práctico irse al África, si no es en avión. Tendría que contentarse con ver fotografías, leer relatos y soñar con lo que habría podido ser. Pero nunca pondría un pie en África, ni comprendería su belleza.

El poder de la resurrección es algo que podemos conocer... si así lo decidimos.

Con frecuencia oímos personas que dicen: «Yo quiero de todo corazón vivir el poder de la resurrección». Después observamos la vida de esas personas... y no son de las que abordarían el avión para atravesar el océano.

Es inmensa la distancia que hay entre una vida que está experimentando el poder del Cristo resucitado y una vida que no tiene a Cristo. Y no es posible alcanzar la vida de resurrección sin pasar antes por la cruz. La gente quiere la resurrección sin sufrimiento; quiere resurrección sin muerte. Sin embargo, eso es imposible.

Jesús mismo, antes de resucitar, tuvo que morir. Tuvo que ir a Jerusalén, donde lo arrestaron, lo golpearon, lo azotaron, lo obligaron a llevar puesta una corona de espinas, lo humillaron en público y lo clavaron en la cruz. Todo esto sucedió antes que resucitara.

Sin la cruz, no hay resurrección. Van mano a mano. Oigamos de nuevo estas palabras de Pablo:

> Porque somos sepultados juntamente con él para muerte por el bautismo, a fin de que como Cristo resucitó de los muertos por la gloria del Padre, así también nosotros andemos en vida nueva. Porque si fuimos plantados juntamente con él en la semejanza de su muerte, así también lo seremos en la de su resurrección. (Romanos 6:4-5)

¿Se da cuenta de la conexión que existe? Los que son sepultados con Él, resucitarán con Él; los que están unidos a su muerte, estarán unidos a su resurrección; los crucificados tendrán victoria sobre el pecado, tal como la tuvo Él.

Queremos que usted comprenda que el poder de la resurrección es algo que podemos *conocer*; la novedad de vida es algo que podemos *experimentar*... si así lo decidimos. Esto es lo que dijo Jesús al respecto: «Si alguno quiere venir en pos de mí, niéguese a sí mismo, y tome su cruz, y sígame» (Mateo 16:24).

Tres preguntas esenciales

Por todo lo anterior, permítanos hacerle tres sencillas preguntas.

En primer lugar, ¿*quiere* tener la vida de resurrección? ¿Quiere conocer realmente el poder de la resurrección y la vida para la cual lo creó Dios?

Le hacemos esta pregunta, porque hay muchas personas que no quieren esa vida. Sí, tal vez digan que la quieren, pero su manera de vivir va en contra de lo que están diciendo.

¿Pudo captar el tono de voz de Pablo cuando hablaba de su añoranza por conocer a Cristo y al poder de la resurrección? Para él, esto era más importante que ninguna otra cosa en el mundo; más importante que el dinero, la fama o los placeres mundanos.

Después de su encuentro con el Señor resucitado, Pablo anhelaba vivir con Él más que la vida misma. La pregunta es sencilla: ¿Tiene *usted* también este anhelo? ¿Quiere realmente tener el poder de Cristo en su vida?

> *Sí usted afirma que quiere la vida de resurrección, ¿demuestra su manera de vivir que ese es su deseo?*

Estamos convencidos de que la mayor parte de las personas *no* lo quieren. Quieren ir al cielo cuando mueran, pero no quieren tener el poder de Cristo en la Tierra. Porque ese poder viene acompañado de responsabilidad; con el poder viene la obligación de rendir cuentas. Lo que se espera de usted es que actúe en santidad, y ¿quién quiere algo así? Existe la obligación de vivir como Jesús, no solo en su resurrección, sino también en su cruz.

Hay muchos que no quieren morir a sí mismos para permitir que Cristo viva en ellos, porque no quieren abandonar su pecado. Les gusta demasiado. Saben que van a tener que perdonar a alguien, y no quieren hacerlo. Van a tener que ponerlo a Él en primer lugar en cuanto a su economía y sus diezmos, y prefieren gastarse el dinero en ellos mismos. Se verán obligados a honrar el día de reposo y ser fieles en la asistencia a su iglesia, y no quieren renunciar a sus fines de semana. Saben que tendrán que servir a los demás, y preferirían no involucrarse en nada. Saben que tendrán que confesar a Cristo públicamente, y prefieren quedarse callados. Quieren conocer al Señor resucitado, pero no quieren que Él participe demasiado en su vida.

Ahora bien, óigalo una vez más: el secreto del poder de la resurrección está en que es necesario morir antes de poder resucitar. Jesús dijo que si alguien trata de salvar su vida, la perderá, pero si pierde su vida por Él, la hallará.

Es muy difícil llegar al África sin subirse a un avión, y no es posible experimentar la resurrección sin morir a sí mismo. El poder de la resurrección se halla al otro lado de una decisión consciente de entregarle la vida a Cristo. La voluntad toma la decisión de que seamos crucificados con Cristo, para que el Padre nos pueda resucitar a una vida nueva. *¿Quiere tener una vida de resurrección?*

Nuestra segunda pregunta es la siguiente: ¿Busca usted la vida de resurrección? Si dice que quiere tener esa vida de resurrección, ¿demuestra con su vida que tiene ese anhelo? Las demás personas, ¿se convencerían de que usted quiere conocer a Cristo y al poder de su resurrección por la cantidad de tiempo que pasa en oración? ¿Y en la Palabra? ¿Y con su pueblo? ¿Y en adoración? A base de observar su manera de vivir, ¿llegarían los demás a la conclusión de que lo que usted más quiere en este mundo es conocer al Señor?

¿Conoceríamos que usted camina con Cristo por su manera de tomar decisiones en la vida, porque usted se ha reorientado hacia las prioridades eternas? ¿Lo consulta usted a Él cuando hace sus planes? ¿Ha tomado la decisión de darle a Él el primer lugar en su horario?

¿Sabríamos que Cristo lo es todo en todo para usted por las conversaciones que sostiene? ¿Le encanta escuchar relatos acerca de lo que Él está haciendo en la vida de otras personas? ¿Les pregunta a los demás qué está haciendo Él con ellos? ¿Les relata a los demás lo que Él está haciendo en usted?

¿Cuándo de arriesgarse se trata, está usted dispuesto a arriesgarse a buscar al Señor, sabiendo que esto le podría transformar la vida? Se da cuenta de que, cuando Él habla, las cosas cambian… pero de todas formas lo quiere escuchar. Seamos sinceros: un encuentro con el Cristo resucitado es transformador para la vida. *¿Anda usted en busca de la vida de resurrección?*

Tercera pregunta: ¿Cuál es su *decisión*? ¿Está dispuesto a entregarle por completo su vida a Cristo, para conocer el poder de la resurrección y la participación en sus sufrimientos?

> *En lo más profundo del alma, ¿escucha usted el llamado de Dios, quien quiere más de usted?*

Si titubea a la hora de responder a esta pregunta, no espere experimentarlo en su vida. Él no es aun su Señor. Tal vez usted desee que lo sea, pero aún no está dispuesto a ir a la cruz para morir.

Aquí no estamos hablando mayormente de aquellos que aun no son creyentes, sino de los que se llaman cristianos. En lo más profundo de su alma, ¿oye usted el llamado de Dios, quien quiere más de usted?

Cuando acudimos a adorar y a escuchar la voz de Dios, se nos dice: «No endurezcáis vuestro corazón» (Salmo 95:8). No se aleje sin antes haberle respondido a Aquél que lo ha llamado por su nombre. Algo así podría resultar fatal.

Entonces, *¿qué decide?*

La proclamación de la libertad a los cautivos

Tenemos que admitir que cuando observamos la vida de algunos cristianos, nos dan ganas de decir: «¡No es posible que usted se sienta satisfecho con eso! En realidad, no tiene porqué vivir afligido. No tiene porqué aferrarse a esa amargura. No tiene porqué alejarse del pueblo de Dios y ponerse a criticarlo. En lugar de vivir así, usted puede conocer el gozo del Señor, hallar pasión en la vida y conocer el poder de la resurrección. ¡Puede cambiar las cosas en su vida de tal modo, que ese cambio permanezca para toda la eternidad!».

Un día, Jesús entró a la sinagoga de Nazaret, donde leyó este texto de Isaías 61:

> El Espíritu del Señor está sobre mí,
> Por cuanto me ha ungido para dar buenas nuevas a los pobres;
> Me ha enviado a sanar a los quebrantados de corazón;
> A pregonar libertad a los cautivos,
> Y vista a los ciegos;
> A poner en libertad a los oprimidos;
> A predicar el año agradable del Señor. (Lucas 4:18-19)

Él sigue cumpliendo con este llamado aun hoy. Jesús nos proporciona libertad con respecto al poder del pecado, y una vida nueva en Él.

Parece una decisión fácil de tomar, y sin embargo son muchos los que permanecen espiritualmente muertos y se están perdiendo la vida. No están dispuestos a soltarlo todo para obedecer al Señor. No están dispuestos a morir para hallar la vida. No están dispuestos a humillarse para que Dios los pueda poner en alto.

El Señor dice: «Deja de estar poniendo los ojos en la recompensa; mantén los ojos fijos en mí. El asunto no está solo en llegar al cielo algún día; se trata de tu vida hoy. Toma la decisión de recibirme a mí… todo lo que soy yo. Toma mi vida, mi muerte y mi resurrección».

¿Qué aspecto tendrá para usted esa vida en el poder de la resurrección? ¿Puede decir ahora mismo que está experimentando una nueva vida en Cristo, tal como es el deseo de Dios? ¿Cree estar expresando de manera adecuada ese poder ante su familia, su iglesia y el mundo?

Si no lo está, necesita morir a sí mismo y dejar que sea Él quien viva en usted. ¡Es cuestión de decidirse!

Capítulo 7

LA RESURRECCIÓN Y LA VIDA POCO COMÚN

Entonces le respondió Pedro, y dijo: Señor, si eres tú, manda que yo vaya a ti sobre las aguas. Y él dijo: Ven.

Mateo 14:28-29

¿Ha visto a otra persona realizar algo notable, pero que a usted le parecía bastante fácil? Aunque lo que hizo esa persona puede haber parecido asombroso, usted siguió pensando: *Eso lo podría hacer yo.*

Como dicen, es más fácil hablar que actuar.

Cuando leemos los relatos sobre los personajes de la Biblia, tendemos a analizarlos por la forma en que han fallado. Observamos su falta de fe, nos maravillamos ante su debilidad y nos quedamos desconcertados, preguntándonos porqué no escucharon mejor a Dios. Nos decimos: *Si yo hubiera estado allí, habría obedecido. Yo no habría dudado.* Sobre todo, en lo que respecta a los discípulos en el Evangelio, nos imaginamos:

De haber tenido yo la oportunidad de caminar con Jesús, como la tuvieron ellos, habría podido participar en cosas asombrosas.

Los personajes de la Biblia eran personas comunes y corrientes, que se tuvieron que enfrentar con situaciones extraordinarias. Tuvieron que escoger entre caminar por fe, o caminar por vista. Los que se decidieron a caminar por fe, experimentaron la obra del inmenso poder de Dios en su vida. Así llegaron a vivir una vida poco común, con un Dios extraordinario.

Si usted quiere vivir de tal manera que experimente la resurrección, se encontrará en medio de situaciones imposibles. La propia resurrección es un imposible; se halla en el ámbito de lo divino, y por encima de todo lo que usted pueda hacer con sus propias fuerzas. Por naturaleza, tiene el tamaño de Dios. Cuando la viva, no se sorprenda si Dios lo mete en cosas que son imposibles para el ser humano promedio. La vida de la resurrección trae consigo experiencias poco comunes, y nos lleva donde nunca habríamos ido si no la hubiéramos tenido. Y desafía nuestra fe hasta su límite más extremo.

La exploración de nuevos territorios

Si usted le está pidiendo a Dios que le permita experimentar la resurrección, le está pidiendo que lo lleve a un lugar donde nunca antes ha estado. Así que no se queje cuando Él lo lleve.

Dios nunca hace las cosas de la manera que pensamos nosotros que se deberían hacer. Sus caminos no son nuestros caminos. Sus pensamientos no son nuestros pensamientos. Por eso es necesaria la fe para seguirlo. La fe es fundamental para la vida de resurrección, porque Dios nos lleva en ella a situaciones imposibles. Nos lleva hasta el fin de nuestras fuerzas… y más allá de ellas.

Las cosas siempre han sido así. Tanto en el Antiguo Testamento como en el Nuevo, han habido personas que Dios ha llevado más allá de sus posibilidades, hasta un lugar donde solo Él les podía dar la victoria, y así nosotros hemos visto lo que solo Él pudo haber hecho. Ese es el ámbito de lo divino; allí es donde vive el Cristo resucitado. Y usted puede esperar ese mismo desafío para su propia vida.

La vida de resurrección es un caminar con Dios. Cada vez que una persona entra a esa arena de la vida divina, se producen milagros. Esto es cierto en el Antiguo Testamento, en el Nuevo, y hoy.

Si quiere experimentar la resurrección, se va a encontrar en situaciones imposibles.

MOISÉS Y UN CAMINO SIN SALIDA

Cuando examinamos a los grandes líderes de la Biblia, la vida de lo divino en carne humana se hace evidente.

Moisés fue llamado a sacar a los israelitas de Egipto, donde llevaban muchos años sometidos a la esclavitud. Dios le dijo: «Te enviaré a Faraón, para que saques de Egipto a mi pueblo» (Éxodo 3:10). Cuando el faraón se resistió, y cayeron sobre aquellas tierras toda una serie de plagas, Dios manifestó su poder. Por último, el faraón cedió y el pueblo de Dios escapó de Egipto. Al salir del país, se llevaron todas las riquezas de aquellas tierras. Entonces el faraón cambió de idea, y envió un ejército para que los capturara de nuevo.

En su huída, el pueblo llegó al mar Rojo: estaba atrapado, sin poder ir a ningún otro lado. Miraban a sus espaldas, y veían al ejército egipcio, listo para abalanzarse sobre ellos. El sonido de los cascos de los caballos que tiraban de sus carros de guerra se hacía cada vez más fuerte.

Allí estaba Moisés, con toda una nación atrapada, sin armas y espantada. Y un airado ejército estaba a punto de acabar con todos ellos.

En esa situación, es probable que usted hubiera estado pensando: *Dios mío, ¿por qué nos sacaste de Egipto para morir aquí? ¡No tenemos hacia dónde ir! ¡No tenemos esperanza alguna de escapar!* Sin embargo, ¿era cierto aquello? ¿No había ningún lugar donde ir? ¿Habían ido tan lejos, y todo para nada?

No. Dios abrió el mar Rojo, el pueblo lo atravesó sobre suelo seco y todo el ejército egipcio fue destruido cuando el agua cayó sobre él.

Después de llevar a Moisés y a los israelitas hasta un lugar donde no había absolutamente ninguna manera de escapar, Dios procedió a guiarlos hacia la Tierra Prometida, de una manera que solo Él habría podido lograr. Y el mundo se maravilló ante el inmenso poder de Dios.

Josué y un plan ridículo

Piense ahora en Josué, quien se dispuso a acaudillar al pueblo de Israel contra la ciudad de Jericó, seriamente fortificada. Acababa de recibir de Moisés el liderazgo sobre el pueblo, y estaba a punto de entrar en la Tierra Prometida. Antes de cruzar el río Jordán, envió espías para que observaran aquella ciudad repleta de guerreros, con el fin de poder trazar un plan de batalla.

Sin embargo, ¿cuál era el plan de batalla de Dios? Le indicó que los hombres tenían que desfilar alrededor de la ciudad una vez al día durante seis días, y siete veces en el séptimo día. Harían sonar sus trompetas. Siete sacerdotes llevarían siete cuernos de carnero delante del arca del pacto. Cuando Josué diera la orden, todo el pueblo debería gritar lo más alto posible. Y, dicho sea de paso, los únicos habitantes de Jericó que Dios estuvo dispuesto a salvar, fueron la ramera Rahab y su familia.

Si usted fuera Josué, ¿qué estaría pensando? *Señor, no estoy seguro de haberte oído bien. Estaban tocando muy fuerte las trompetas, y te debo haber entendido mal.* No; Josué había oído bien a Dios.

Y una vez más, Dios concedió la victoria. Ningún soldado israelita se perdió. Y el mundo temió la potestad del Dios de los israelitas.

Gedeón y una situación imposible

Gedeón fue otro hombre llamado a acaudillar a los israelitas contra un feroz ejército. No era guerrero. De hecho, le tenía miedo al enemigo. Pero Dios le dijo que guiara al pueblo a la batalla contra un enemigo que tenía ciento veinte mil hombres en armas.

Él formó un ejército de treinta y dos mil hombres. Dios le dijo: «Son demasiados hombres. Diles que todos los que tengan miedo se vuelvan a su casa». Es evidente que Gedeón no era el único que se sentía intimidado por el enemigo, porque veintidós mil hombres aceptaron ese ofrecimiento.

Así, Gedeón se quedó con un ejército que solo tenía diez mil hombres. Dios le volvió a decir: «Son demasiados hombres. A todos los que beban el agua de rodillas, envíalos a casa». Y, ¿sabe una cosa? Arrodillarse junto a la corriente de agua fue el método que prefirieron aquellos guerreros a la hora de beber agua. Ahora Gedeón se quedó con trescientos hombres solamente.

Debe haber pensado (como tal vez pensemos muchos de nosotros): *¿Qué estoy haciendo yo aquí? ¡Esta batalla es imposible de ganar! ¡Nos van a matar a todos!* Sin embargo, ¿fue eso lo que sucedió? No; los trescientos hombres de Gedeón derrotaron a un ejército de ciento veinte mil hombres. Una vez más, no se perdió ni un solo israelita en la batalla.

Dios había metido a Gedeón y a Israel en una situación imposible de superar, y habían destruido al enemigo con una resonante victoria. Y así, el mundo vio la protección de la mano de Dios sobre su pueblo.

Una y otra vez, Dios llevó al pueblo a situaciones difíciles, para manifestar allí su poder en medio de él. *Así es como Dios obra.*

Pedro y un absurdo

Veamos otro momento significativo, esta vez en el Nuevo Testamento. En Mateo 14:22-33, hallamos a Pedro y a los demás discípulos en una barca en medio del mar de Galilea, metidos en medio de una tormenta. Están allí, porque Jesús les ha ordenado que entren a la barca y crucen a la orilla opuesta.

Era la media noche, y sus vidas corrían peligro. Las olas eran cada vez mayores, el viento soplaba cada vez más fuerte, y el agua había comenzado a llenar la barca.

Imagínese lo que les debe haber pasado por la mente a los discípulos. *¿Por qué le hicimos caso a Jesús? Él no es más que un carpintero, mientras que nosotros somos pescadores. Deberíamos haber previsto que nos íbamos a meter en medio de una tormenta como esta.*

Las Escrituras dicen con toda claridad en cuanto a esto: «Jesús *hizo* a sus discípulos entrar en la barca e ir delante de él» (14:22). Era Jesús quien los había puesto en peligro, y ni siquiera estaba con ellos. Bueno, esto solo es una verdad a medias. Jesús sí se les unió algo después… *caminando sobre el agua.*

Cuando los discípulos vieron la figura de un hombre en el agua, se aterraron, y pensaron que seguramente se trataba de un fantasma. No había otra explicación posible. Al fin y al cabo, la gente de carne y hueso no camina sobre el agua.

Jesús sabía que tenían miedo, y les dijo: «¡Tened ánimo; yo soy, no temáis!». De inmediato, Pedro le respondió con gran valentía: «Señor, si eres tú, manda que yo vaya a ti sobre las aguas». A continuación lo que aparece es esta asombrosa declaración: «Y descendiendo Pedro de la barca, *andaba sobre las aguas* para ir a Jesús» (vv. 27-29). ¡Ahora, háblenos de la vida común y corriente! Nunca nadie había caminado sobre el agua, ni lo ha hecho después de aquel momento. Jesús había llamado a Pedro para que se le uniera sobre el agua. Pedro lo obedeció, y experimentó un milagro.

Así es como obra Dios: poniendo a las personas en situaciones imposibles, para después manifestar su poder en medio de ellas.

Recuerde que Pedro no estaba solo en aquella barca. Todos los demás discípulos estaban allí mismo, contemplando mientras aquella escena se desarrollaba ante ellos. Pero se quedaron en la barca, mientras Pedro estaba allí fuera con Jesús, caminando sobre las olas. Tal vez haya estado un poco loco, pero hay que admirar su valentía.

Quizá hubiera entre los demás discípulos quienes pensaran: *¡Eso lo podría hacer yo!* No; no habrían podido. Lo que hizo Pedro exige *fe*, y sus razonamientos humanos no les habían dejado ni salir de la barca siquiera. Así también, cuando Pedro volvió a los razonamientos humanos, se metió enseguida en un problema. Apartando los ojos de Jesús, contempló la tormenta y pensó: *¿Pero qué he hecho?* Vio las olas, y comenzó a dudar… y a hundirse también.

A pesar de todo, ¿no siente admiración por Pedro? Al menos él tuvo la valentía de intentarlo. Amaba a Jesús, y sentía un verdadero desespero por estar con Él. Podemos estar seguros de que Jesús se sintió orgulloso de Pedro, mientras extendía el brazo y lo tomaba por la mano para rescatarlo.

En ese momento, le dijo: «¡Hombre de poca fe! ¿Por qué dudaste?» (v. 31). Al leer estas palabras, ¿en qué tono le parece que las diría Jesús? ¿De frustración? ¿De reprensión? Mientras más estudiamos este pasaje, más probable nos parece que Jesús le dijo aquellas palabras con un tono de aliento. Él sabía que la idea de caminar sobre el agua era algo absurdo por completo para la mente humana. Y mientras le hablaba a Pedro, debe haber tenido una sonrisa en el rostro. «¡Pedro, ya habías llegado hasta aquí! Ya estabas caminando sobre el agua. ¿Por qué comenzaste a dudar?» A Pedro le faltaba mucho por caminar, pero estaba creciendo en su fe ante los ojos de su Señor. Todos los demás seguían en la barca, pero Pedro estaba viviendo una gran aventura. Cada día aprendía más acerca de la vida nada común de los discípulos de Jesús.

Dios y lo imposible

¿Se ha encontrado en esa situación, en ese lugar donde lo lleva Jesús, en ese lugar del que no puede regresar?

Usted dio un paso de fe y echó a andar, pero en estos momentos, las circunstancias parecen haberse vuelto imposibles. Comenzó a analizar su situación y se sintió asustado. Hasta empezó a poner en duda el llamado divino sobre su vida. No se puede echar atrás, pero tampoco parece que pueda seguir adelante. Todo lo que sabe hacer es clamar a Dios.

Le podemos asegurar algo: *usted se encuentra en un buen lugar*. Tal vez esté en el lugar hacia el cual Dios lo ha ido llevando todo este tiempo. Lo tenía que llevar hasta donde se encuentra ahora, para mostrarle más de sí mismo que usted haya conocido jamás.

Por eso, no desista. No titubee. No se vuelva atrás. Limítese a invocar su nombre. ¡Confíe en Él! Porque lo tiene exactamente donde Él quería tenerlo.

Dios actúa de esa manera: nos lleva a un punto en el que no parece haber esperanza, para que clamemos a Él y hallemos lo que ha provisto para nosotros. Y en ese lugar, hace lo que tenía planificado hacer desde el principio. Abre el mar Rojo, conquista Jericó, derrota al enemigo, salva a Pedro que se está hundiendo. *Satisface todas las necesidades que Él mismo ha creado.*

¿Ha oído decir «Las cosas, a mi manera, o a la carretera»? Cuando de Dios se trata, su manera *es* la «carretera». Él se mueve en un plano muy superior al nuestro. No funciona dentro de nuestras limitaciones. No se ve restringido por las leyes de la naturaleza, porque Él mismo fue quien hizo la naturaleza. ¡Él es Dios!

Y cuando seguimos su camino, dejando que sea Él quien tenga el control absoluto, tenemos vida de resurrección en su mejor forma.

No dé siempre por sentado que una situación difícil es resultado de algún error que usted haya cometido. Tal vez ha sido Dios quien lo ha llevado a esta situación difícil para que pueda ver su inmenso poder.

¿Ha estado en un lugar del que no hay regreso posible, y al cual lo ha llevado Jesús?

Una de las formas en que Dios nos enseña a confiar en Él, es ponernos en una iglesia que está caminando por fe. Es magnífico estar en un lugar así, caminando junto a otros creyentes que siguen a Cristo. Podemos orar unos por otros, darnos ánimo mutuamente, caminar juntos y fortalecernos entre nosotros cuando nos enfrentamos a lo imposible.

Recuerde a Pedro en el agua aquella maravillosa noche. ¿Por qué Jesús hizo que llegara a Él caminando sobre el agua? ¿Porque así podría alardear delante de sus amigos? No; fue porque estaba moldeando el carácter de Pedro, para que fuera un gran líder de la Iglesia en sus primeros tiempos. Los primeros cristianos necesitarían un líder espiritual que conociera a Cristo y caminara por fe. Pedro demostraría ser un hombre así, lleno de fe y de confianza en Cristo.

Fue él quien predicó el primer sermón del Evangelio en el día de Pentecostés, cuando recibieron la salvación tres mil almas, que fueron bautizadas e incorporadas a la Iglesia (Hechos 2:14-41). Fue Pedro quien sanó al hombre que era cojo de nacimiento (3:1-8), quien desafió a los líderes religiosos de Jerusalén (4:5-20), quien le devolvió la vida a una mujer muerta (9:36-41), quien le llevó el Evangelio al centurión gentil Cornelio (10:24-48), quien fue libertado de la prisión por un ángel del Señor (12:5-11) y quien realizó muchos milagros más. Y fue Pedro, en sus últimos años de vida, quien consoló a la Iglesia perseguida con estas palabras repletas de sabiduría divina: «Humillaos, pues, bajo la poderosa mano de Dios, para que él os exalte cuando fuere tiempo; echando toda vuestra ansiedad sobre él, porque él tiene cuidado de vosotros» (1 Pedro 5:6-7).

Dios tiene un plan

Entonces, ¿por qué nos pide Jesús *a nosotros* que demos un paso de fe y caminemos hacia Él? ¿Es para que les podamos hablar a los demás de todos nuestros logros? No; Él está edificando nuestra fe con el fin de prepararnos para encomiendas mayores que nos esperan dentro del Reino de Dios; cosas que exigirán de nosotros una confianza total en Dios para hacer lo imposible. Él quiere que nos fortalezcamos para que les demos fuerzas a los débiles. Está en medio del proceso de hacer líderes santos para su pueblo.

¿Es usted uno de esos que han mirado con ojos de añoranza a las grandes historias de la Biblia, y deseado haber podido estar allí? ¿Las ha recordado y pensado: *Yo habría querido estar junto a*

Moisés en el mar Rojo, o tener una trompeta en la mano en Jericó con Josué, o haber sido uno de los trescientos hombres de Gedeón. Quisiera haber estado en la barca en aquella noche de tormenta en Galilea; habría podido ver a Jesús caminando sobre el mar, y habría podido salir caminando a su encuentro junto a Pedro.

¿No lo ve a Él? Hoy es el día en que nos toca *a nosotros* ver el inmenso poder de Dios. Este es *nuestro* día para caminar con Jesús resucitado. Esta es la vida que se halla al alcance de todo aquél que quiera creer.

Estamos viviendo unos tiempos maravillosos para caminar con Jesús y ver el inmenso poder de Dios en medio de nosotros. Cuando recordemos estos días, nos maravillaremos. Pero nos hará falta fe; necesitaremos valor.

El apóstol Pablo entendía que la vida cristiana —la vida de resurrección— es algo lleno de frescor y de emoción: «Como Cristo resucitó de los muertos por la gloria del Padre, así también nosotros andemos *en vida nueva*» (Romanos 6:4). ¡En vida nueva! No puede ser la misma vida que usted tenía antes de encontrar a Cristo. Es una existencia totalmente distinta. Es el lugar donde camina Jesús.

Solo el Señor sabe lo que Él quiere hacer en su vida. Por consiguiente, pregúnteselo a Él.

Tal vez le esté diciendo que salte por la borda de su cómoda barca. Pero usted se siente aterrado. *Confíe en Él.*

Tal vez usted mismo esté pasando por una tormenta personal. *Mantenga los ojos fijos en Jesús.*

Tal vez su confianza en Dios ha sido fuerte, pero ahora se siente perturbado y abrumado por las dudas. *Vuélvase a centrar en Él.*

Las situaciones imposibles son normales en la vida cristiana. Así es como Dios edifica nuestro carácter y atrae la gloria sobre

Hoy es nuestro día para ver el inmenso poder de Dios.

sí mismo. El camino de la vida de resurrección es un camino lleno de aventuras. ¡Sigámoslo!

A medida que vaya progresando en esta vida de resurrección, no solo lo irá llevando a un emocionante caminar con el Señor, sino que lo irá transformando en lo más profundo de su ser. Comenzará a producir en usted un carácter semejante al de Cristo. Se convertirá en ejemplo vivo del poder que tiene la resurrección para darle vida nueva a aquello que estaba muerto.

CAPÍTULO 8

LA PAZ DE LA RESURRECCIÓN

Justificados, pues, por la fe, tenemos paz para con Dios por medio de nuestro Señor Jesucristo; por quien también tenemos entrada por la fe a esta gracia en la cual estamos firmes, y nos gloriamos en la esperanza de la gloria de Dios.

ROMANOS 5:1-2

Lo primero que experimentamos en la vida de resurrección es la paz de la resurrección.

Siempre se pueden distinguir aquellos que están caminando en una relación correcta con Jesús. Tienen paz. Tienen contentamiento.

¿Podría haber un sentimiento mejor que el de saber que entre usted y Dios hay paz?

Seguros en la mano de Jesús

Se cuenta de un nativo norteamericano que había vivido en pecado durante muchos años cuando un misionero cristiano lo llevó a los pies de Cristo. Sus amigos vieron en él un cambio tan radical, que le preguntaron qué le sucedía.

Sin decir gran cosa, puso un gusano sobre un montón de hojas, y después les prendió fuego a las hojas. El fuego creció, y comenzó a amenazar al gusano. En el último instante, él sacó el gusano del fuego y dijo estas palabras: «Yo, ese gusano».

Esa es la historia de todos nosotros. No es lo que hayamos hecho, sino lo que Cristo ha hecho por nosotros. Ya no nos tenemos que preocupar por «el fuego», sino que podemos vivir por fe en que la resurrección nos ha salvado de la muerte eterna.

Todo el que comprenda realmente el significado de la cruz y de la resurrección, comprenderá también lo que significa tener paz con Dios.

Noticias buenas y malas

En la epístola a los Romanos, el apóstol Pablo capta la esencia del problema del pecado y de lo que Dios ha provisto para nuestra salvación. Nos presenta una escena en la que hay noticias buenas y malas.

Las malas noticias primero: todos nosotros hemos pecado y estamos destituidos de la gloria de Dios. El pecado nos ha afectado de tal manera, que ya no estamos en una situación correcta ante Él; no lo podemos comprender, no lo podemos buscar, y no tenemos temor de Él. Abandonados a nuestra propia suerte, estamos condenados a enfrentarnos al castigo por el pecado.

Ahora, las buenas noticias: Jesucristo cargó sobre sí nuestro pecado, y murió en nuestro lugar. Después de esto, el Padre lo resucitó a una vida nueva, que nosotros podemos compartir. Todos los que creamos en Jesucristo somos hechos rectos ante Dios, y una vez que esto sucede, disfrutamos de esa vida nueva.

El resultado de nuestra fe es la paz con Dios: «Justificados, pues, por la fe, tenemos paz para con Dios por medio de nuestro Señor Jesucristo» (Romanos 5:1).

La paz es lo que necesitan los seres humanos más que ninguna otra cosa en la vida. Sin embargo, esta paz no se parece a ninguna otra cosa que hayamos conocido jamás. Principalmente, no es una relación entre personas, sino un estado de paz entre nosotros y Dios. Ya no somos *enemigos suyos*; tenemos paz con Él, y *estamos de su lado*.

Ya no somos enemigos suyos

Durante la Segunda Guerra Mundial, Gran Bretaña se hallaba sometida constantemente a la amenaza de nuevos ataques aéreos por parte del enemigo. Las ciudades quedaban totalmente a oscuras durante la noche. No se permitía que las iglesias tocaran las campanas. En cambio, el día en que terminó al fin la guerra con los nazis, se encendieron las luces, las campanas repicaron alegremente una vez más y la gente bailó en las calles durante gran parte de la noche. La paz trajo consigo gran gozo, además de la libertad de volver a disfrutar de la vida.

No sería ir demasiado lejos en lo que significan las palabras de Pablo, decir que la obra de Cristo nos libertó del estado de guerra existente entre Dios y los seres humanos. Pablo lo expresa de esta forma en su carta a la iglesia de Colosas:

> Y a vosotros también, que erais en otro tiempo extraños y enemigos en vuestra mente, haciendo malas obras, ahora os ha reconciliado en su cuerpo de carne, por medio de la muerte, para presentaros santos y sin mancha e irreprensibles delante de él. (Colosenses 1:21-22)

> *La paz con Dios es la mayor necesidad de todas las que tiene el ser humano en su vida.*

Antes de conocer a Cristo, usted estaba en guerra con Dios, y en rebelión contra el Rey de reyes. En cambio, ahora hay paz. Su alma ya no sigue batallando; su situación ante Dios es la correcta. Su posición ha cambiado.

Usted ya no es enemigo de Dios, es hijo de Dios.

El don de la paz

El significado subyacente a la palabra bíblica *paz* tiene que ver con la relación. Es la «armonía en las relaciones» o la «reconciliación entre las dos partes». En la Biblia aparece cuatrocientas veces, y representa la necesidad más profunda del corazón humano: la paz con Dios.

No hay forma de explicar la sensación de paz que se produce cuando nuestra relación con Dios es la correcta. Jesús dijo: «La paz os dejo, mi paz os doy; yo no os la doy como el mundo la da. No se turbe vuestro corazón, ni tenga miedo» (Juan 14:27). Su paz es total; es perdurable. Esa paz nos llega al saber que no tenemos ya que temblar ante la presencia de Dios, sino que nos podemos acercar a Él con toda confianza.

Los evangelios nos hablan de las numerosas ocasiones en las cuales Jesús les dio paz a quienes lo rodeaban. A una mujer que le había lavado los pies, le dijo: «Tu fe te ha salvado, ve en paz» (Lucas 7:50). A otra mujer que había estado enferma durante doce años, le dijo: «Hija, tu fe te ha salvado; ve en paz» (8:48). A la furiosa tormenta que se había levantado en el mar de Galilea le dijo: «¡Cálmate, sosiégate!» (Marcos 4:39, LBLA). En el aposento alto, les dijo a sus atemorizados discípulos: «La paz os dejo» (Juan 14:27). Y tanto a usted como a mí, nos dice también: «La paz os dejo».

Él quiere que usted tenga paz. Entonces, ¿por qué hay tantos que carecen de paz en su corazón? ¿Por qué será que hay tantos llenos de ansiedades, preocupaciones, estrés, inquietud y agitación?

Es porque todos queremos paz, pero son pocos los que están dispuestos a hacer lo necesario para obtenerla.

La obediencia y la paz

¿Alguna vez uno de sus hijos ha actuado como si nada estuviera pasando, cuando *sí* estaba pasando algo?

Mi hija más pequeña (de Mel) se ha metido en problemas en algunas ocasiones. Recuerdo una situación en la casa en la que yo le había dicho de manera explícita, y bajo amenaza de castigo, que no comiera más dulces. Un cuarto de hora más tarde, noté que no estaba alrededor, y que tenía cerrada la puerta de su habitación. Entré en ella, y me la encontré con un montón de envolturas vacías, y con las mejillas manchadas de chocolate. Su reacción inmediata fue decirme: «¡Papi, te quiero!». Con una gran sonrisa, alzó los brazos pidiendo un abrazo y me dijo: «¡Tú eres el mejor padre de todo el mundo!».

Sabía que se había metido en un problema, pero estaba desesperada por lograr que su padre fuera indulgente con ella.

Quería una relación armoniosa con su padre; quería estar en paz conmigo. Sin embargo, estaba haciendo lo que dañaba nuestra relación: desobedeciéndome. De hecho, aquellas manos que se alzaban hacia mí en busca de un abrazo estaban todas manchadas de chocolate.

> *Todos queremos tener paz, pero pocos están dispuestos a hacer lo necesario para obtenerla.*

Aunque mi hija tenía un aspecto un tanto gracioso, lo cierto es que nosotros hacemos exactamente lo mismo con Dios. Queremos tener paz con Él, pero hacemos esas mismas cosas que nos roban esa paz y que dañan nuestra relación con Él. Los seres humanos desobedecen a Dios a sabiendas, y sin embargo, quieren que Él les pase por alto lo que han hecho y bendiga sus vidas. No quieren adorar a Dios los domingos, pero esperan adorarlo por toda la eternidad en el cielo. Literalmente, usan su nombre en sus maldiciones, pero quieren que sea bondadoso con ellos en el día del Juicio.

Nadie puede tener la esperanza de conocer la paz *de* Dios, si no está en paz *con* Dios.

Él ha hecho todo lo posible para que usted conozca su paz. «Porque no envió Dios a su Hijo al mundo para condenar al mundo, sino para que el mundo sea salvo por él» (Juan 3:17).

Y el Hijo que Dios entregó para nuestra salvación nos dice esto: «Yo he venido para que tengan vida, y para que la tengan en abundancia» (10:10). Hay una realidad que es inherente a esta afirmación: hay cosas que pueden impedir que tengamos esa abundancia; hay algo que puede sabotear nuestro potencial. La Biblia identifica ese algo, llamándolo «pecado». El pecado del cual vino Jesús a liberarnos está obrando activamente contra nosotros. Está impidiendo que conozcamos la paz de Dios.

Es imposible que disfrutemos de la paz de Dios si estamos pecando voluntariamente contra Él. Por eso la Biblia dice: «Despojémonos de todo peso y del pecado que nos asedia, y corramos con paciencia la carrera que tenemos por delante» (Hebreos 12:1).

Nos es imposible disfrutar de la paz de Dios si estamos pecando voluntariamente contra Él.

Es una lucha que todos tenemos que vencer: «Todos pecaron, y están destituidos de la gloria de Dios» (Romanos 3:23). Pero también es una lucha en la que Cristo ya ha vencido por medio de la resurrección.

La santidad y la paz

¿Recuerda el momento en que el Señor les envió un ángel a los pastores la noche en que Jesús nació? Lo primero que les dijo el ángel fue esto: «No temáis» (Lucas 2:10).

¿Por qué temían aquellos hombres? Las Escrituras dicen que cuando el ángel del Señor se les apareció a los pastores, «la gloria del Señor los rodeó de resplandor» (v. 9). ¿Qué es la gloria del Señor?

En el Antiguo Testamento, cuando resplandecía la gloria del Señor ponía al descubierto los secretos morales y revelaba lo más íntimo de las personas.

Isaías era un buen hombre, y se estaba preparando para servir al Señor. Sin embargo, cuando resplandeció la gloria del Señor alrededor de él, clamó diciendo: «¡Ay de mí! que soy muerto; porque siendo hombre inmundo de labios, y habitando en medio de pueblo que tiene labios inmundos, han visto mis ojos al Rey» (Isaías 6:5).

Daniel era el hombre más justo de sus tiempos, pero cuando llegó a él la gloria de Dios en una «gran visión», su reacción fue la siguiente: «no quedó fuerza en mí, antes mi fuerza se cambió en desfallecimiento, y no tuve vigor alguno. [...] Y he aquí una mano me tocó, e hizo que me pusiese sobre mis rodillas» (Daniel 10:8, 10).

Aquellos hombres sintieron miedo. Aunque no sabían con precisión qué estaba sucediendo, sí sabían que estaban en la presencia de la gloria de Dios. Su gloria brillaba en todo su esplendor, revelando los rincones más oscuros, poniendo al descubierto los territorios más tenebrosos de sus propias almas. Estaban llenos de temor, porque sabían que un pecador no podía permanecer en la presencia de un Dios santo.

Cuando Cristo nació, y el ángel del Señor se les apareció a los pastores diciéndoles «No temáis», les indicó de inmediato la razón de todo aquello: «Os ha nacido hoy, en la ciudad de David, un *Salvador*, que es CRISTO el Señor» (Lucas 2:11). Había llegado el Salvador, el Príncipe de Paz. Ahora bien, si *no* hubiera nacido un Salvador, entonces lo más probable es que usted habría *debido* sentir miedo al ver a un mensajero de Dios.

Si tuviéramos que comparecer ante el Dios santo como seres humanos aun en pecado, deberíamos sentir un gran terror. La Palabra de Dios dice que la paga del pecado es muerte, así que seguir viviendo en pecado equivale a perder la vida para siempre.

En ese caso, ¿cómo nos trae Dios la paz? Nos ofrece el perdón de nuestro pecado y la restauración de nuestra relación con Él. Jesús es el Príncipe de Paz, pero usted solo podrá conocer la paz si lo hace Señor de su vida.

Las cosas son así: solo porque haya abundancia de pan en una tienda de víveres, un hombre hambriento que esté en la calle no va a quedar satisfecho. El que los lagos y los ríos estén llenos de agua no significa que un hombre que se esté muriendo de sed en el desierto vaya a saciarla.

Jesús le da la paz, si usted acude a Él de acuerdo a sus condiciones.

De igual manera, Jesús nos trae la paz, pero para poderla vivir, es necesario que acudamos a Él siguiendo los requisitos que señale. ¿Camina usted en una relación con Cristo que le trae paz? Es usted quien tiene que escoger.

Entregarle el control a Jesús

Yo (Mel) pasé algún tiempo en Texas mientras estaba en el seminario. En nuestra iglesia había un hombre que se ganaba la vida entrenando caballos de rodeo. Yo distaba muchísimo de ser un buen jinete, pero él me dio la oportunidad de montar uno de sus caballos.

Cuando monté el caballo, aquello fue distinto a todo cuanto había experimentado antes. Enseguida perdí el control, y el caballo comenzó a correr en círculos, moviéndose con la velocidad de un rayo. Todo lo que yo hacía para corregir la situación solo parecía empeorar las cosas.

Por fin me di cuenta de que la lucha por la que estaba pasando no era un problema del caballo, sino mío. Aquel caballo valía sesenta mil dólares, y estaba tan bien entrenado que respondía a todos los movimientos que yo hacía. Mis propias acciones eran las que lo estaban haciendo saltar así. En realidad, eran mis intentos por cabalgar tranquilamente los que hacían muy peligrosa la situación.

Muchas personas que están luchando en la vida, y cuya cabalgata es bastante accidentada y peligrosa, no se dan cuenta de que están viviendo los resultados de sus propias acciones. El pecado quebranta nuestra relación con Dios y nos roba la paz.

Necesitamos entregarle a Dios las riendas de nuestra vida. Entonces, Él nos traerá la paz.

La paz trae consigo el acceso

Después de describir la paz que tenemos con Dios por medio de Jesucristo, Pablo dice que por medio de Él, también «tenemos entrada por la fe a esta gracia en la cual estamos firmes, y nos gloriamos en la esperanza de la gloria de Dios» (Romanos 5:2). Una cosa es saber que tenemos paz con Dios, y otra es saber que tenemos *acceso* a Él.

El verbo *acceder* se refiere al «acto de traer o presentar». La paz con Dios —por medio de una relación con Cristo— nos trae hasta la gracia de Dios. La paz de Cristo nos hace entrar en la esfera de la gracia de Dios, en la cual podemos comparecer ante Él.

Tal vez usted no comprenda el cambio tan radical que esto representaba con respecto a la forma en que los judíos siempre habían experimentado su relación con Dios. En todo el pueblo de Israel, solo el sumo sacerdote era el único que podía entrar al Lugar Santísimo; a la presencia de Dios. Una vez al año, en el día de Expiación, este sacerdote actuaba como representante del pueblo. Mientras todos los demás esperaban fuera, él entraba al Lugar Santísimo. Rociaba la sangre del sacrificio sobre el propiciatorio, para expiar los pecados del pueblo. Aun después de realizados los sacrificios, aquellos a quienes se les había perdonado su pecado seguían sin poder entrar al Lugar Santísimo. En lugar de hacerlo, cada cual se iba a su casa. El sacerdote salía, cerrando la cortina, y pasaría todo un año antes que alguien volviera a entrar en aquel lugar.

¡Como cambiaron las cosas con el sacrificio de Cristo! Nosotros no tenemos que quedarnos fuera, de pie, mientras un sacerdote entra como representante nuestro a la presencia de Dios. En lugar de esto, estamos dentro del Lugar Santísimo, porque Jesucristo nos ha llevado hasta la presencia de la gracia de Dios:

> Teniendo libertad para entrar en el Lugar Santísimo por la sangre de Jesucristo, por el camino nuevo y vivo que él nos abrió a través del velo, esto es, de su carne, y teniendo un gran sacerdote sobre la casa de Dios, acerquémonos con corazón sincero, en plena certidumbre de fe, purificados los corazones de mala conciencia, y lavados los cuerpos con agua pura. (Hebreos 10:19-22)

La paz que Cristo consiguió para nosotros nos lleva literalmente a una relación personal con el Dios santo. La muerte y la resurrección de nuestro Salvador derribaron la barrera del pecado y nos hicieron entrar al Lugar Santísimo.

Solo un camino a la paz con Dios

Todos queremos tener paz en nuestra vida, pero comprenda esto: Jesucristo es el *único* acceso a Dios y, por tanto, la única fuente de paz perdurable. No crea a nadie que le diga que hay muchos caminos que conducen a Dios. No crea a nadie que le diga: «Siempre que seas sincero en lo que crees…».

Los hombres parecemos tener aversión a consultar los mapas. Al fin y al cabo, confiamos en nuestro sentido innato de orientación; no necesitamos que ninguna otra persona nos diga cuál es el camino. Si usted es hombre, es muy probable que haya hecho algún viaje en el cual estaba absolutamente seguro de que conocía el camino; no tenía duda alguna en su mente. Aunque todo dentro de usted le decía que girara a la derecha, su esposa le seguía repitiendo que girara a la izquierda. ¿Qué hizo usted? Por supuesto, giró a la derecha, porque no estaba dispuesto a equivocarse. Su esposa se calló y esperó, a ver hasta dónde llegaría antes de descubrir que había cometido un error, y daría la vuelta. Sí, usted era *sincero* en su convicción, pero por desdicha, estaba sinceramente equivocado.

Lo que usted crea «con sinceridad» no tiene importancia. Todo lo que importa es si aquello que cree es realmente cierto. Y cuando de la salvación se trata, Jesús es la única verdad. Él mismo dijo: «Yo soy el camino, y la verdad, y la vida; nadie viene al Padre, sino por mí» (Juan 14:6).

¿Tiene en su vida necesidad de arrepentirse de sus errores «sinceros»? La palabra *arrepentirse* significa dar media vuelta en nuestro camino y seguir caminando con Jesús. Él nos da la paz con Dios, y también el acceso a su presencia.

No crea a nadie que le diga que hay muchos caminos para llegar a Dios.

¿Tiene esa paz? ¿Ha sido llevado hasta la presencia del Dios todopoderoso? ¿Tiene esperanza para esta vida y también para la otra?

Puede tener todas estas cosas. Son las cosas que llegan a nuestra vida cuando ponemos nuestra fe en Jesucristo, como Señor y Salvador. No se trata de un compromiso de un solo momento con Cristo; es un caminar diario, teniéndolo a Él como Señor. Usted no puede llegar por su propia cuenta hasta la presencia de Dios; tiene que ir *con Cristo*. Él es el Príncipe de Paz.

Capítulo 9

EL GOZO DE LA RESURRECCIÓN

Entonces ellas, saliendo del sepulcro con temor y gran gozo, fueron corriendo a dar las nuevas a sus discípulos.

Mateo 28:8

En la descripción que hace Mateo de la resurrección, habla de que las mujeres «salieron del sepulcro con temor y gran gozo» (Mateo 28:8). Su «temor y gran gozo» marcan un fuerte contraste con lo que sintieron los soldados romanos, quienes «de miedo de él [...] temblaron y se quedaron como muertos» (v.4).

En ambos casos se habla de un temor, pero no es el mismo temor. En el caso de los soldados, el temor los paralizó. En cambio, en el caso de las mujeres, el temor les dio nuevas energías: había algo especial en el aire, y en su interior, sus espíritus saltaban con un gozo imposible de expresar. ¡Jesús estaba vivo!

A los que se hallan en rebelión contra Dios, el temor les produce terror cuando se encuentran ante un mensajero de Dios. A los que tenemos una relación correcta con Él, el temor lo que nos hace es reorientar nuestra atención desde nuestra propia persona hacia el Dios venerado que amamos, y así podemos participar del «gran gozo» por la inagotable buena noticia del Cristo resucitado.

Las últimas palabras del evangelio de Lucas manifiestan esta misma emoción. Después que los discípulos vieron cómo ascendía su Señor resucitado de vuelta al cielo, «después de haberle adorado, volvieron a Jerusalén *con gran gozo*; y estaban siempre en el templo, alabando y bendiciendo a Dios» (Lucas 24:52-53). Aquellos discípulos no estaban llenos de un simple gozo, sino que sentían un «gran gozo». Era algo que se hallaba más allá de cuanto se habrían podido imaginar; era algo que le había dado un giro completo a la vida de todos ellos.

El gozo del Señor

El Señor quiere que la resurrección produzca gran gozo en nuestra vida. El evangelio de Juan lo indica con abundante claridad.

Medite en la oración que hace Jesús como sumo sacerdote en Juan 17, donde le abre su corazón al Padre celestial. Es un momento muy emotivo en las horas finales, antes que pase por la traición de un amigo, unos juicios ilegales a manos de «los líderes religiosos», unas golpizas despiadadas y los terribles dolores de la crucifixión. «La hora ha llegado», dice (v. 1). Aun en ese momento, está pensando en sus discípulos. Piensa en los que va a dejar detrás, una vez que haya terminado su tiempo en esta tierra.

Después de hablar con el Padre acerca de su misión de cargar con el pecado del mundo en la cruz, Jesús se vuelve al tema de sus discípulos en su oración. Lo primero que pide para ellos es esto:

«Ahora voy a ti; y hablo esto en el mundo, para que tengan *mi gozo* cumplido en sí mismos» (v. 13).

> *Mientras Él soportaba los sufrimientos de la cruz, quería que sus discípulos estuvieran llenos de gozo.*

Piense en este momento: está a punto de pasar por los sufrimientos de la cruz, y quiere que sus discípulos estén llenos de *gozo*.

Cuando tenemos en cuenta quiénes son esos primeros discípulos que continuarán la obra del Señor después que Él se vaya, esta oración nos resulta bastante asombrosa. Observe que Jesús no dijo en su oración: «Padre, hazlos grandes predicadores, porque van a proclamar el Evangelio». Tampoco dijo: «Padre, dales revelación para que les enseñen teología a aquellos que vendrán». No; el gozo de ellos se encontraba ya en el corazón del propio Jesús: «Padre, pon *mi gozo* en ellos, para que *su gozo* sea completo».

¿Por qué estaba el Señor tan preocupado de que ellos estuvieran llenos de gozo? Porque sabía que el mensaje que iban a predicar no tendría sentido alguno si ellos no estaban llenos de gozo. Si la resurrección no creaba una calidad de vida diferente en ellos, ¿para qué habría de querer alguien escuchar el Evangelio? En cambio, sabía que una vida gozosa, con el aspecto correspondiente en sus rostros, convencería a los demás de que su libertad con respecto al pecado y su esperanza en Cristo eran reales.

El gozo del Señor es fortaleza

Jesús sabía también que los discípulos tenían por delante muchos días difíciles, y que el mundo los observaría, para ver de qué manera reaccionaban ante esas dificultades.

Los discípulos demostrarían que la relación correcta con Dios produce gozo, y que todo lo demás palidece, comparado con la relación con el Cristo resucitado. «Insúltenme cuanto quieran, y denígrenme si quieren, que Dios está cerca de mí. Métanme en una prisión, que Dios está cerca de mí. Apedréenme y golpéenme cuanto quieran, que la cercanía de Dios es mi bien». No cambiarían la salvación por ninguna otra cosa en la Tierra. La relación con Cristo produce gozo, y nada en la Tierra se puede llevar ese gozo.

La gente escucharía el Evangelio, y creería en él, a causa de *la mirada que había en los ojos* de aquellos que lo proclamaban.

Por eso Jesús estaba preocupado por el gozo en la vida de sus discípulos. Y ese gozo fue precisamente lo que produjo la resurrección en la vida de ellos. Escuche algunas de las descripciones que hace Lucas en el libro de los Hechos, después que Cristo resucitó de entre los muertos:

> Y ellos salieron de la presencia del concilio, *gozosos* de haber sido tenidos por dignos de padecer afrenta por causa del Nombre. (5:41)

> Y los discípulos estaban llenos de *gozo* y del Espíritu Santo. (13:52)

Pablo dice:

> Pero de ninguna cosa hago caso, ni estimo preciosa mi vida para mí mismo, con tal que acabe mi carrera con *gozo*, y el ministerio que recibí del Señor Jesús, para dar testimonio del evangelio de la gracia de Dios. (20:24)

Escuche también lo que le enseñaron los apóstoles a la Iglesia naciente, a partir de su propia experiencia con el gozo de la resurrección:

Regocijaos en el Señor siempre. Otra vez digo: ¡*Regocijaos*! (Filipenses 4:4)

Hermanos míos, tened por sumo *gozo* cuando os halléis en diversas pruebas. (Santiago 1:2)

[Jesucristo,] a quien amáis sin haberle visto, en quien creyendo, aunque ahora no lo veáis, os alegráis con gozo inefable y glorioso. (1 Pedro 1:8)

Sino gozaos por cuanto sois participantes de los padecimientos de Cristo, para que también en la revelación de su gloria *os gocéis* con *gran alegría*.(1 Pedro 4:13)

Estas cosas os escribimos, para que vuestro *gozo* sea cumplido. (1 Juan 1:4)

Si usted ha perdido el gozo del Señor, es porque ha perdido de vista al Señor resucitado.

Permítanos sugerirle que si usted ha perdido el gozo del Señor, es que ha perdido de vista al Señor resucitado. No estoy hablando de perder su salvación, sino de perder el *gozo* de su salvación. Si ha perdido el gozo de servir al Señor, usted se encuentra en un problema. Esto indica que se ha alejado de Él, y que ya no está lleno de su Espíritu.

La sensación de gozo que se produce en el encuentro con el Señor resucitado solo se hace más profunda a medida que seguimos caminando con Él. Una vez que llegamos a conocer la paz con Dios, brota en nosotros el gozo como un manantial inagotable.

La vida cristiana no es solo emoción. Sin embargo, ¿cómo es posible recibir el perdón de todos los pecados que hayamos cometido en nuestra vida, experimentar una paz absoluta con el Dios santo, tener la seguridad de la salvación y de que tenemos un hogar en el cielo, saber que tenemos victoria sobre las tentaciones de pecar, y caminar en comunión con Jesucristo, y sin embargo, carecer de gozo?

La vida de resurrección se caracteriza por el gozo. Las cosas no pueden ser de otra manera.

Más allá de las emociones

La felicidad es pasajera; se halla totalmente regulada por nuestras circunstancias presentes. No sucede lo mismo con el gozo del Señor. Su gozo reside en lo más profundo de nuestra vida, y está determinado por nuestra relación, y no por unas realidades circunstanciales.

El gozo que permanece en nosotros es una clara evidencia de que tenemos paz con Dios y estamos experimentando una profunda relación con el Cristo viviente. La persona que camina con el Señor es realista. Comprende la seriedad de la vida y la realidad de la guerra espiritual, pero eso no le roba el gozo. No; mientras el Señor se halle presente en la vida del creyente, él seguirá teniendo su gozo.

Si usted ya ha comprendido esto, en ese caso ser cristiano no consistirá para usted en la pesada obligación de seguir la ley de Dios. No todo es fuego del infierno, azufre y carencia de diversiones. Sí, la vida cristiana nos exige que nos enfrentemos con cuestiones eternamente serias en nuestra vida, pero Cristo es la respuesta a esas cuestiones, y eso es lo que nos produce un gozo así; es lo que nos produce una vida abundante en Cristo. Cuando

Él perdona nuestro pecado y nos llena de su Espíritu, nosotros debemos conocer el gozo del Señor.

Pablo, al orar por los colosenses, pide que experimenten «toda paciencia y longanimidad; *con gozo* dando gracias al Padre que nos hizo aptos para participar de la herencia de los santos en luz» (1:11-12). Después de esto, expresa el motivo de este gozo y esta acción de gracias: «el cual nos ha librado de la potestad de las tinieblas, y trasladado al reino de su amado Hijo, en quien tenemos redención por su sangre, el perdón de pecados» (vv. 13-14).

Esa es la experiencia de todos los creyentes. Han sido sacados de las tinieblas y llevados a la presencia del Señor, quien trae la luz a la vida de ellos. Esta es la base de un gozo que no procede de las circunstancias, sino de su interior, donde reina el Señor resucitado.

En una ocasión, un diácono se acercó a mí (Mel) con una preocupación sobre una situación que había en la iglesia, y que era necesario enfrentar. Le preocupaba que una pareja se estuviera perdiendo la vida abundante que Dios quería que conocieran. Era una escena que parece presentarse una y otra vez en las iglesias de hoy: gente que vive en pecado, pero quiere la bendición de Dios.

Cuando visitamos a la pareja en su hogar, y los exhortamos a ajustar su vida a las normas de Dios, respondieron con una obediencia total. El resultado fue una bendición inmediata de parte de Dios. No solo resolvió milagrosamente algunas circunstancias difíciles que había en la vida de ellos, sino que produjo cambios de importancia en su interior. La mujer describió cómo se había sentido tan llena de culpa y de vergüenza, que había tenido que luchar con la ansiedad y la depresión. En cambio, después de arrepentirse, decía con los ojos llenos de gozo: «Por primera vez en seis meses, dormí toda la noche como una niña pequeña». Ahora tenía paz con Dios, y estaba llena de gozo. Estaba viviendo aquello de lo que habló Pedro: «Arrepentíos y convertíos, para que sean borrados vuestros pecados; para que vengan de la presencia del Señor *tiempos de refrigerio*» (Hechos 3:19). Su relación con el Señor viviente quedó restaurada, y experimentó el refrescante gozo de su presencia.

Hay gente que vive en pecado, y sin embargo, quiere la bendición de Dios.

Hay quienes tienen la idea de que la palabra *arrepentimiento* es una palabra cruel. Se imaginan a un anciano predicador de pelo cano enfadado, y dando puñetazos sobre un púlpito, y asustando a la gente para que se acerque al altar, donde debe cambiar, o resignarse a quemarse. Muy al contrario de esta imagen, la palabra *arrepentimiento* es la palabra más positiva que hay en la Biblia. Solo se refiere al hecho de *apartarnos* de aquello que está destruyendo nuestra vida, para *acercarnos* a aquello que nos va a traer vida abundante. Es un *alejarse* del pecado y la muerte para *acercarse* a Cristo y al perdón. Una vez que la persona se arrepiente de sus pecados, y toma la decisión de hacer de Cristo el Señor de su vida, comienza a vivir de inmediato unos tiempos de refrigerio en su alma.

El gozo auténtico

Hay muchas clases de cosas que traen gozo a nuestra vida. Sin embargo, nada es comparable con el gozo del Señor. El buen humor y la risa son partes maravillosas y necesarias de lo que es vivir a plenitud. Una buena anécdota puede cambiar la atmósfera de una habitación, llenándola de risas. *Sin embargo, no es este el gozo del Señor*. Podemos conocer el gozo de entrar a una iglesia hermosa y de cantar maravillosos cánticos de adoración, sintiéndonos arrebatados en un éxtasis emocional gracias a su conmovedora y poderosa música. *Sin embargo, no es este el gozo del Señor.* Hay un gozo que tenemos por el simple hecho de estar entre creyentes que hemos llegado a amar y apreciar. *Sin embargo, no es este el gozo del Señor.* Sentimos gozo cuando leemos unas consoladoras palabras de las Escrituras, y oímos unas verdades de la Palabra de Dios que nos toca el alma. *Sin embargo, no es este el gozo del Señor.*

Ninguna de estas cosas *se opone* al gozo de la resurrección. No obstante, son pobres sustitutos para aquello de lo que estamos hablando. Corremos el peligro de pensar que son la misma cosa; que eso es todo lo que hay en la vida cristiana. Porque es posible disfrutar de la vida y al mismo tiempo, vivir vacíos del gozo del Señor.

Nos es posible disfrutar de la vida, al mismo tiempo que vivimos vacíos del gozo del Señor.

La expresión más profunda del gozo de la resurrección solo puede proceder del Cristo resucitado. Es un producto secundario de la relación de amor que tenemos con Él. ¿Se pueden comparar el buen humor y la frivolidad al gozo que nos viene de Aquél que nos da la vida abundante? ¿Acaso un canto acerca del Señor se puede comparar con el hecho de hablar realmente con Él? El tiempo pasado con las Escrituras, ¿se puede comparar con el tiempo pasado con Aquél hacia el cual nos señalan esas mismas Escrituras?

Por supuesto, una relación genuina con Cristo *produce* la confraternidad entre los cristianos, los cantos que salen del corazón, el estudio de su Palabra y los momentos íntimos de oración. Sin embargo, no permita nunca que esas actividades se conviertan en sustitutos de la relación con Él. Jesús no es una doctrina en la cual debemos creer; Él resucitó, y nos ofrece una relación real y personal a todos los que nos acerquemos a Él.

UN GOZO PERMANENTE

Jesús nos indicó de qué manera hallar el gozo de la resurrección. Él sabía que siempre sería nuestra fuente de gozo.

Una de las enseñanzas más íntimas que les dio a los discípulos tenía que ver con la relación permanente que existe entre la vid y los pámpanos. Escuche atentamente a esta revelación de nuestra fuente de gozo:

> Yo soy la vid, vosotros los pámpanos; el que permanece en mí, y yo en él, éste lleva mucho fruto; porque separados de mí nada podéis hacer... Como el Padre me ha amado, así también yo os he amado; permaneced en mi amor. Si guardareis mis mandamientos, permaneceréis en mi amor; así como yo he guardado los mandamientos de mi Padre, y permanezco en su amor. Estas cosas os he hablado, para que mi gozo esté en vosotros, y vuestro gozo sea cumplido. (Juan 15:5, 9-11)

Esta es la relación permanente con Cristo que trae el gozo a nuestra vida. El gozo fluye desde Él hacia nuestro interior.

No hay una sola manera en el mundo entero, de conocer el gozo del Señor sin permanecer en Él. Esto exige tiempo con Él; hace necesaria una vida diligente de oración. No es posible permanecer en Él, sin hablar con Él y sin escucharle.

Jesús no se limita a darnos gozo; Él *es* nuestro gozo. Si alguna vez usted se «desprende» de la vid, automáticamente se va a marchitar y va a perder su gozo. A nadie le es posible producir un gozo así por su propia cuenta, como tampoco una rama que ha sido cortada del tronco puede producir fruto por sí sola. En lugar de esto, lo que sucede es lo exactamente opuesto. Uno se vuelve frágil, seco y duro. Pierde la vida que produce fruto.

El gozo es el fruto de una relación permanente con Cristo.

Un gozo confiado

¿Sabe usted por qué podemos tener gozo en todas las circunstancias de la vida? ¿Por qué podemos ser optimistas y positivos en la vida?

Porque estamos caminando con el Señor resucitado. Sabemos que Él es el soberano, y que está en su trono. Es Él quien tiene el control absoluto de todas las cosas. Además, sabemos que Él ve lo que nosotros no vemos. Él puede ver el cuadro completo, y sabe lo que va a suceder. Y sabemos también que nos ama. También, el hecho de saber que el Padre le ha dado a Jesús toda autoridad en el cielo y en la tierra, significa que estamos en buenas manos.

Pablo dijo: «Y sabemos que a los que aman a Dios, todas las cosas les ayudan a bien, esto es, a los que conforme a su propósito son llamados» (Romanos 8:28). Este versículo no dice: «Todas las cosas van saliendo tal como nosotros queremos que salgan», sino que nos recuerda que es Dios quien tiene el control de todo. Dios está realizando sus propósitos en nuestra vida. Podemos tener gozo, porque confiamos en que la voluntad de Dios para nuestra vida es lo mejor que nos puede pasar.

¡Anímese!

Es probable que haya momentos en los cuales el Señor nos esté diciendo: «¡Anímate! ¡No te pases todo el tiempo tan tenso! ¿Por qué estás tan alicaído? ¿Por qué tan triste? ¿Por qué actúas como si servirme a mí fuera algo tan terrible?».

Nosotros tenemos el privilegio de compartir las buenas nuevas. ¿Cómo podemos hacerlo con un espíritu decaído? El espíritu decaído dice: «No confío en Dios en esta situación». Es lo mismo que admitir: «Las buenas nuevas no existen».

Un espíritu abatido dice: «No confío en Dios en esta situación». Eso es lo mismo que admitir: «Las buenas nuevas no existen».

El mundo necesita ver las buenas nuevas en acción. Necesita ver la vida abundante en Cristo.

Si su gozo se halla presente en lo más profundo de su corazón, no lo va a poder esconder. Al final, se manifestará en su rostro. Si lleva algún tiempo sin verlo, tal vez necesite asegurarse de que aún está allí. Se debe expresar en las palabras que usted diga, en el tono de su voz y en la mirada de sus ojos. Se debe conocer en su manera de cantar. El gozo se abrirá camino en nuestras relaciones, tanto con nuestros mejores amigos, como con las personas extrañas. Es necesario que la gente esté a la expectativa de recibir un saludo suyo, porque sabe que usted animará su vida con un encuentro gozoso.

Ciertamente, el gozo del Señor, tal como lo experimentaron los apóstoles, fue una validación del mensaje del Evangelio. Los oímos decir: «Para mí, el vivir es Cristo, y el morir es ganancia» (Filipenses 1:21). Y los vemos cantar en la profundidad de una prisión horrorosa (Hechos 16:23-25).

Pablo nos desafía: «Solamente que os comportéis como es digno del evangelio de Cristo» (Filipenses 1:27). ¿Está viviendo usted de una manera digna del Evangelio? ¿Manifiesta su vida las *buenas nuevas* de Dios? Si usted conoce realmente el gozo del Señor, su actitud dará testimonio de que ha conocido al Señor resucitado.

Pablo entendía el gozo como un estado mental caracterizado por la paz. Era una seguridad en la vida que tenía sus raíces en la fe. Era resultado de una clara conciencia de la presencia del Señor resucitado. Su manera de entender el gozo iba más allá de la emoción o el sentimiento; era la capacidad para ver por encima de todo suceso en particular al Señor soberano, quien se halla sobre todos los acontecimientos, y en última instancia es quien mantiene el control sobre ellos.

Cuando usted comprenda que el gozo es fruto de una relación, y no una actividad, entonces tendrá la capacidad necesaria para regocijarse siempre en el Señor. Porque estará experimentando el cumplimiento perfecto de aquello para lo cual Dios lo creó.

Así que «regocijaos en el Señor siempre. Otra vez digo: ¡Regocijaos!» (Filipenses 4:4).

Capítulo 10

EL PODER DE LA RESURRECCIÓN

Y con gran poder los apóstoles daban testimonio de la resurrección del Señor Jesús, y abundante gracia era sobre todos ellos.

Hechos 4:33

El *poder*. Es algo que buscan todas las naciones del mundo. Es algo por lo que los seres humanos han batallado desde el principio de los tiempos. Mientras tanto, las naciones surgen y caen; la gente viene y se va.

Y entonces, allí está Dios, Aquél que tiene el poder sobre todas las cosas. «¡Cuán asombrosas son tus obras!», le dice el salmista. «Por la grandeza de tu poder se someterán a ti tus enemigos» (Salmo 66:3). No hay nadie que se pueda oponer al Dios omnipotente; no hay principado ni potestad que se pueda comparar siquiera a su supremacía. «Una vez habló Dios; dos veces he oído esto: *que de Dios es el poder*» (Salmo 62:11).

El poder de vida

Pablo menciona el poder muy al principio de su epístola a los Romanos. «Porque no me avergüenzo del evangelio, porque es *poder de Dios* para salvación a todo aquel que cree» (1:16). La palabra *poder* en este versículo traduce el vocablo griego *dýnamis*. Este vocablo se puede reconocer con facilidad en diversas palabras, como en su derivado moderno *dinamita*.

Muchos predicadores han agitado a sus oyentes a base de proclamar que el Evangelio es la *dinamita* para la salvación. Su poder explosivo puede transformar una vida de una manera drástica. Sin embargo, el uso de este tipo de ilustraciones mete a la fuerza nuestra imagen de la dinamita en las palabras de Pablo, y esto es algo que él no tenía intención alguna de decir. Pablo ni tenía idea de lo que es la dinamita, que es un invento moderno, ni tampoco la habría usado en una ilustración sobre el poder de la resurrección. La dinamita sirve para demoler, destrozar e incluso acabar vidas. En cambio, lo que hace el Evangelio de Cristo es diametralmente opuesto a lo que hace la dinamita. Pablo está expresando que el poder del Evangelio nos trae integridad y nos da una nueva vida.

> *El mayor poder que hay en la Tierra es el de darles vida a los muertos, y solo Dios lo tiene.*

¿Qué tiene más poder: lo que quita la vida, o lo que la da? El mayor poder que existe en la Tierra es el de darle vida a algo que está muerto, y solo Dios tiene un poder así.

La resurrección es la demostración mejor y más clara de un increíble poder que viene desde la presencia misma de Dios. Este es el poder que le dio nueva vida a Jesús, una vez crucificado públicamente, cuando su vida física le había sido arrebatada. La *vida* es la naturaleza esencial del poder de la resurrección.

Esto sigue siendo cierto hoy. El poder de la resurrección siempre tiene que ver con la *vida.* Y Dios ha puesto exactamente el mismo poder en el interior de cada creyente. Su propósito consiste en dar vida por medio de aquellos que han llegado a experimentar una vida abundante en Cristo.

Créalo y recíbalo

Entre las últimas palabras que Jesús les dirigió a sus discípulos se hallaba esta promesa: «recibiréis *poder*, cuando haya venido sobre vosotros el Espíritu Santo» (Hechos 1:8). Esa promesa ya se cumplió, y la Iglesia naciente pudo conocer el poder que produce vida.

Escuche otras enseñanzas del Nuevo Testamento acerca del poder que reciben todos los que ponen su fe en el Cristo resucitado:

> Porque la palabra de la cruz es locura a los que se pierden; pero a los que se salvan, esto es, a nosotros, es *poder de Dios.* (1 Corintios 1:18)

> Y ni mi palabra ni mi predicación fue con palabras persuasivas de humana sabiduría, sino con demostración del Espíritu y de *poder*, para que vuestra fe no esté fundada en la sabiduría de los hombres, sino en el *poder de Dios.* (1 Corintios 2:4-5)

> Porque el reino de Dios no consiste en palabras, sino en *poder.* (1 Corintios 4:20)

> Pero tenemos este tesoro en vasos de barro, para que la excelencia del *poder* sea de Dios, y no de nosotros. (2 Corintios 4:7)

> Y a Aquel que es poderoso para hacer todas las cosas mucho más abundantemente de lo que pedimos o entendemos, según el *poder* que actúa en nosotros... (Efesios 3:20)

> A fin de conocerle, y el *poder* de su resurrección, y la participación de sus padecimientos. (Filipenses 3:10)

Una y otra vez se nos habla de un poder que nos ha sido dado a los creyentes en Jesús. Ahora bien, ¿lo experimentamos? ¿Estamos viviendo en ese poder, o nos hemos satisfecho con darle a Dios lo mejor de nosotros, perdiendo la posibilidad de usar un poder que nos fue dado cuando creímos en el Señor resucitado?

Tal vez necesitemos entender mejor este poder desde el punto de vista del Señor. Este poder es para «todo el que crea». Está actuando en aquellos «que se salvan». Es la base de nuestra fe y la expresión viviente de nuestras palabras. Está contenido en vasos de barro, está obrando dentro de nosotros y es el anhelo de nuestra vida.

Escuche con detenimiento lo que dice Pablo acerca del poder en su oración por los creyentes de Éfeso. Al orar, pide que sus ojos sean iluminados con este propósito:

> Para que sepáis cuál es [...] la supereminente grandeza de su *poder* para con nosotros los que creemos, según la operación *del poder de su fuerza*, la cual operó en Cristo, resucitándole de los muertos y sentándole a su diestra en los lugares celestiales, sobre todo principado y autoridad y

> poder y señorío, y sobre todo nombre que se nombra, no solo en este siglo, sino también en el venidero; y sometió todas las cosas bajo sus pies, y lo dio por cabeza sobre todas las cosas a la iglesia, la cual es su cuerpo, la plenitud de Aquel que todo lo llena en todo. (Efesios 1:18-23)

Al parecer, los cristianos de Éfeso no comprendían plenamente quiénes eran, o qué habían recibido con la salvación. Por eso Pablo oraba para que su entendimiento captara la inmensidad de lo que Cristo había realizado a favor de ellos.

El poder que resucitó a Jesús de entre los muertos es el mismo poder que nosotros deberíamos experimentar por ser creyentes.

El poder que levantó a Jesús de entre los muertos y le dio autoridad sobre todas las cosas, es el mismo poder que nosotros, los creyentes, deberíamos estar experimentando. Ese poder, que derrotó al pecado, era para ser vivido en la tierra, no en el cielo. Ese poder, que quebrantó el dominio de Satanás, tenía el propósito de libertar de su autoridad a la gente de este mundo. Ese poder es para que se convierta en realidad en nosotros y por medio de *nosotros*.

Su poder, *su* fortaleza, *su* potencia, *su* autoridad, deben penetrar la Iglesia, puesto que Cristo ha sido hecho cabeza de la Iglesia, y nosotros somos su cuerpo. La Iglesia es al mismo tiempo el objeto de su bendición y el instrumento por medio del cual Él alcanza al mundo.

Un poder esencial

El poder de la resurrección es muy práctico en su expresión, aunque es espiritual en su naturaleza. Así como la vida y la muerte deben ser contempladas desde el punto de vista de la eternidad, también debemos comprender de la misma forma al poder divino. Por supuesto, Dios puede hacer milagros espectaculares y controlar el universo físico con una sola palabra, pero no es esa su prioridad. Donde se manifiesta su mayor poder no es en el ámbito de lo natural, sino en el de aquello que es sobrenatural y tiene impacto sobre la eternidad. Aunque Dios puede tomar la decisión de devolver la salud física y restaurar un cuerpo enfermo o lesionado, el mayor milagro de Dios es el que realiza en un alma que está muerta. Él es quien tiene el poder necesario para dar vida eterna; es Él quien reaviva nuestro espíritu dentro de nosotros, dándonos un nuevo aliento de vida, levantándonos hasta un lugar mucho más elevado de lo que nos habríamos podido imaginar jamás. Él es quien nos acerca a sí, para que vivamos en la presencia del Santo. Y en ese lugar, experimentamos lo divino (2 Pedro 1:4).

Durante el Avivamiento de 1904 en Gales, un reportero de un periódico fue enviado para escribir un informe sobre aquel movimiento que estaba causando una conmoción tan grande. Cuando llegó a la estación de trenes de Cardiff, le preguntó emocionado a un ayudante del ferrocarril: «Por favor, ¿dónde está el Avivamiento? ¿Dónde lo puedo encontrar?».

«Aquí dentro, señor», le dijo el hombre mientras sonreía y se señalaba el corazón.

¿Dónde se producen los grandes movimientos de Dios? ¿Dónde se producen los avivamientos? ¿Dónde llega la nueva vida? No es en los edificios, ni en las ciudades, ni en lugar alguno… sino solo en los corazones de los seres humanos.

Cuando oremos para pedir un gran movimiento del poder de Dios, no miremos a nuestro alrededor para hallarlo; miremos dentro de nosotros mismos. Los milagros más grandes de Dios se producen en el alma del ser humano.

El poder de la resurrección no aparece de manera forzosa en los grandes edificios de las iglesias, en las multitudes de personas, ni en una gran diversidad de ministerios para ayudar a la comunidad. Todas esas cosas están bien, pero no tienen nada que ver con el poder de la resurrección. De hecho, es posible que todas ellas se hallen presentes en una iglesia, y sin embargo, esa iglesia esté totalmente desorientada en cuanto a los propósitos de Dios.

Los milagros más grandiosos de Dios se encuentran en el alma humana.

A Dios no le impresionan las iglesias grandes, ni las pequeñas. El tamaño de una iglesia no determina el estado moral y espiritual de una comunidad. Por toda la nación hay iglesias de todo tipo, y sin embargo, persiste el crimen, continúan los abortos en unas cantidades alarmantes, los divorcios siguen destruyendo a las familias, la pornografía va en aumento, la ansiedad y el estrés inmovilizan a muchas personas y el suicidio acaba con más vidas que nunca.

En cambio, lo que dijo Pablo fue: «Porque el reino de Dios no consiste en palabras, sino en poder» (1 Corintios 4:20). Por toda la nación, oímos muchas palabras, pero vemos poco poder.

Sabremos que estamos en el centro de la voluntad de Dios, y viviendo de acuerdo con sus propósitos, cuando veamos que su poder obra en nosotros, y que por medio de nosotros trae una transformación a las personas y a las comunidades enteras. A Dios no le impresiona ninguno de *nuestros* logros, porque *nuestra* actividad es de un efecto limitado. Hay cosas que no podemos hacer, y necesidades que no podemos satisfacer. De hecho, ninguno de nosotros puede salvar a nadie. No le podemos dar a nadie la vida eterna, ni un hogar en el cielo. Cuando de las cosas más importantes de la vida se trata, nos quedamos cortos. Solo Cristo puede libertar a las personas. Y cuando Él las liberta, son verdaderamente libres (Juan 8:36).

Poder para vivir

Podemos hablar de Cristo todo lo que queramos, pero eso no significa que conozcamos su presencia. El testimonio de la Iglesia primitiva es que una fe sencilla y pura en Cristo es lo que realmente importa. La gloria de la Iglesia naciente era que tanto hombres como mujeres proclamaban el Evangelio con poder, y lo ratificaban con una vida santa.

Escuche esta descripción de la Iglesia primitiva:

> Cuando hubieron orado, el lugar en que estaban congregados tembló; y todos fueron llenos del Espíritu Santo, y hablaban con denuedo la palabra de Dios. [...] Y *con gran poder* los apóstoles daban testimonio de la resurrección del Señor Jesús, y abundante gracia era sobre todos ellos. (Hechos 4:31, 33)

Lo que más nos impresiona con respecto al poder de la Iglesia primitiva no es tanto su éxito, sino el hecho de que ese éxito se produjo con unos recursos limitados para la realización de una tarea de unas consecuencias eternas como aquella. La Iglesia naciente estaba formada por hombres y mujeres sencillos del pueblo, que eran insignificantes y desconocidos. Comenzó sin ningún equipo o recurso como los que disfrutamos hoy. Batalló contra fieras persecuciones y contra el odio de muchos, y sin embargo, tuvo el poder necesario para «trastornar el mundo entero» (Hechos 17:6). Caían las persecuciones con auténtica furia sobre aquellos primeros cristianos, y sin embargo, salían de ella más fuertes y más poderosos que ningún otro movimiento que había conocido el mundo.

Todo ese poder era el impacto de la resurrección, del cual ellos estaban conscientes. La victoria ya había sido ganada, y los primeros creyentes la reclamaban como suya en el nombre de Jesús.

El poder que importa

Desde el punto de vista de la eternidad, no se deje distraer de manera que termine apartándose del verdadero poder que tiene a su alcance. Satanás tratará de distraerlo en este punto, porque nuestra naturaleza humana quiere presenciar una gran cantidad de milagros visibles y extáticos que impacten al mundo que nos rodea. Como consecuencia, no celebramos el mayor poder que hay sobre la Tierra: el ver que una persona nace de nuevo. ¿Por qué nos maravillamos de que un hombre sea sanado de cáncer, y sin embargo, casi ignoramos a un jovencito que le entrega su vida a Cristo? Ese hombre terminará muriendo de una u otra enfermedad, pero el jovencito va a vivir para siempre.

Pensemos en el encuentro de Jesús con el hombre paralítico cuyos amigos se lo llevaron para que lo sanara (Lucas 5:17-26). Fue una dramática escena que nos ayuda a ver la razón por la cual Jesús vino a esta tierra, y observar el poder que había en su vida.

Aquel día, cuando los amigos del paralítico lo llevaron para que fuera sanado, no se pudieron abrir paso hasta Jesús, porque la multitud que lo estaba escuchando era grande. Los amigos estaban tan desesperados por hallar sanidad para aquel hombre, que subieron al techo de la casa, abrieron el techo para tener acceso a su interior, y después bajaron al hombre desde el techo.

¿Se puede imaginar la escena desde el interior de la casa? Comienza a caer polvo del techo, después caen terrones, entonces se abre paso la luz del día en la habitación, y baja un hombre flotando en una camilla. La mirada que había en su rostro debe haber reflejado su urgente esperanza. Los rostros de sus amigos, que miraban desde el agujero abierto arriba en el techo deben haber manifestado expectación. Y el rostro de Jesús debe haber estado lleno de compasión. ¿Puede ver su sonrisa mientras se da cuenta de la fe que tenían aquellos hombres?

Jesús respondió a la fe de ellos con una asombrosa declaración: «Hombre, tus pecados te son perdonados». ¿De dónde había salido aquello? Aquel hombre lo que quería era caminar, pero Jesús ni siquiera habló de su situación física. En lugar de hablar de ella, le perdonó los pecados al hombre.

Al oír esto, los fariseos que estaban presentes entre la multitud se enfurecieron. «¿Quién es éste que habla blasfemias? ¿Quién puede perdonar pecados sino solo Dios?».

Jesús había hecho por aquel hombre más de lo que él le había pedido. Había demostrado su poder para libertarlo del pecado y limpiar su vida. Sin embargo, lo que sucede en lo más profundo del alma de alguien no siempre se ve de inmediato; al menos, con los ojos humanos. Por eso, Jesús hizo otra profunda declaración:

> ¿Qué es más fácil, decir: Tus pecados te son perdonados, o decir: Levántate y anda? Pues para que sepáis que el Hijo del Hombre tiene potestad en la tierra para perdonar pecados (dijo al paralítico): A ti te digo: Levántate, toma tu lecho, y vete a tu casa. Al instante, levantándose en presencia de ellos, y tomando el lecho en que estaba acostado, se fue a su casa, glorificando a Dios. (vv. 23-25)

Según Jesús, hace falta mucho más poder para perdonar los pecados, que para sanar una enfermedad física. Desde un punto de vista terrenal, Él tenía el poder necesario para sanar al hombre de su parálisis y darle una calidad superior de vida. Desde un punto de vista eterno, había hecho un milagro mucho mayor. Le había perdonado al hombre su pecado, y había purificado su alma.

Para perdonarle sus pecados, hizo falta una expresión total de poder capaz de darle vida.

La sanidad física no exigió poder, sino solo una palabra informal. En cambio, perdonarle su pecado había exigido una expresión total de poder capaz de dar vida. La cruz y la resurrección representan un momento tan poderoso en el tiempo, que tanto el mundo físico como el espiritual se estremecieron.

¿Qué habría sucedido si Jesús, cuando vino a la Tierra, hubiera sanado a los cojos, los leprosos y los ciegos, pero nunca hubiera vencido al pecado en la cruz y en la resurrección? Aquellos a quienes Él les ministrara, habrían tenido una vida más larga y sana, pero aun así, habrían muerto y entrado en la eternidad sin esperanza alguna. Nosotros tampoco nos habríamos beneficiado nada del tiempo pasado por Él en la Tierra.

Por fortuna, Jesús no se dejó distraer de la prioridad que tiene la eternidad. El poder de la resurrección tiene que ver primordialmente con la vida eterna. Esto es cierto en cuanto a Jesús, y debería ser cierto también en cuanto a nosotros.

No se deje distraer

A Satanás no le importa que presenciemos los milagros físicos que nos dan un mayor disfrute en nuestra vida sobre la Tierra... siempre que muramos en nuestros pecados. Él se las ha arreglado para hacer sentir cómoda en la tierra a mucha gente que después se va a sentir incómoda por toda la eternidad.

Escuche esto con detenimiento. Por el hecho de haber creído en Jesucristo, usted tiene el poder de otorgar el don de la vida eterna. No por ser quien es, sino porque el Jesús resucitado habita dentro de cada cristiano. *Él* es quien ha vencido al pecado y a la muerte, y está listo para compartir su victoria a través de la vida de usted. Pero Satanás va a hacer todo lo que pueda para que usted desconozca esta verdad. Quiere que se mantenga centrado en el mundo físico, mientras deja que el mundo espiritual siga siendo un misterio postergado para una experiencia futura en el cielo. Quiere que mantengamos la verdad encerrada en nuestra cabeza, y distante de nuestra realidad de todos los días.

Siempre se sabe cuando alguien no ha experimentado la resurrección. Aún se está esforzando grandemente con sus propias fuerzas para servir a Dios. No ha aprendido a dejar que el Cristo resucitado viva a través de su vida. En lugar de esto, hace cuanto puede por ayudar a la gente. No es que no le importe; ni siquiera que no ame a los demás. El problema está en que sigue pensando que la resurrección es algo que van a experimentar solo cuando mueran y necesiten un cuerpo nuevo para los días que van a pasar en el cielo. Así que se aplica grandemente a la tarea en sus propias fuerzas, porque cree que esas son todas las fuerzas que posee. Sí, es posible que crea «teológicamente» que es una «nueva criatura» en Cristo, pero no tiene ni idea de lo que esto significa en la vida diaria. Como consecuencia, el mundo recibe lo mejor que *nosotros* le podemos ofrecer, y se pierde lo mejor que *Dios* tiene para darle.

Los ministerios que satisfacen las necesidades que encuentran entre la gente son buenos; Jesús sanó a muchas personas mientras andaba por esta tierra. Muchas veces, esos ministerios tocan nuestras emociones naturales y abren la puerta para un toque espiritual. El amor verdadero no puede apartar la mirada cuando tiene la posibilidad de ayudar a alguien que se halla mal económica o físicamente. Sin embargo, el amor de Dios no se puede quedar aquí; tiene que ir más lejos. Debe satisfacer la necesidad máxima del ser humano, tanto si ese ser humano está consciente de su necesidad espiritual, como si no lo está.

Jesús dijo que aquellos que permanezcan en sus pecados, en sus pecados morirán (Juan 8:24). De tal modo que murió en nuestro lugar y fue a la tumba, aunque con la plena seguridad de que el poder del Padre le bastaba. Y ciertamente, el Padre fue tras Él, se inclinó hacia las tinieblas y rescató a su Hijo. Mientras todo el poder de Satanás y de sus demonios se esforzaba por mantenerlo en la tumba, la justa diestra del Padre encontró su camino. Y el poder del Dios omnipotente arrancó a su Hijo de las cadenas eternas que estaban preparadas para usted y para mí. El poder de la resurrección lo sacó de un abismo de tinieblas para devolverlo al reino de la luz.

El poder del Dios omnipotente arrancó a su Hijo de las cadenas eternas que estaban preparadas para usted y para mí.

¡Alabado sea Dios! Jesús reina ahora sobre el reino de la luz, y tiene el dominio total sobre todos los principados y las potestades. ¡Ese si es poder! Todo le pertenece a Jesús. Y el mismo poder que lo levantó a Él de la muerte, se halla ahora en sus manos. Cada vez que un ser humano clama a Jesús en su arrepentimiento y le suplica que le perdone sus pecados, Él lo escucha. Él ha estado allí, y sabe cuál es el camino para rescatar a su alma.

Y viene a buscar a aquellos que le aman; a quienes creen en el poder de su nombre. Escuche estas palabras de Pablo, y regocíjese en el poder de la resurrección:

> El cual [el Padre] nos ha librado de la potestad de las tinieblas, y trasladado al reino de su amado Hijo, en quien tenemos redención por su sangre, el perdón de pecados. Él es la imagen del Dios invisible, el primogénito de toda creación. Porque en él fueron creadas todas las cosas, las que hay en los cielos y las que hay en la tierra, visibles e invisibles; sean tronos, sean dominios, sean principados, sean potestades; todo fue creado por medio de él y para él. Y él es antes de todas las cosas, y todas las cosas en él

> subsisten; y él es la cabeza del cuerpo que es la iglesia, él que es el principio, el primogénito de entre los muertos, para que en todo tenga la preeminencia. (Colosenses 1:13-18)

¡Nunca pierda la capacidad de maravillarse ante el poder de la resurrección! Nunca mire a un nuevo creyente con una actitud de despreocupación que le reste importancia al poder del Evangelio. Regocíjese en el milagro del nuevo nacimiento, y recuerde el precio que fue pagado por la salvación.

Allí es donde reside el poder de la resurrección: «Y él os dio vida a vosotros, cuando estabais muertos en vuestros delitos y pecados» (Efesios 2:1).

Capítulo 11

LA AUTORIDAD DE LA RESURRECCIÓN

Y Jesús se acercó y les habló diciendo: Toda potestad me es dada en el cielo y en la tierra. Por tanto, id, y haced discípulos a todas las naciones, bautizándolos en el nombre del Padre, y del Hijo, y del Espíritu Santo; enseñándoles que guarden todas las cosas que os he mandado; y he aquí yo estoy con vosotros todos los días, hasta el fin del mundo. Amén.

Mateo 28:18-20

Con la nueva vida llega una nueva dirección en el camino. Mientras que antes solíamos vivir de acuerdo a nuestros propios apetitos y tratábamos de realizar nuestros propios sueños, ya no es eso lo que hacemos. Nuestra vida vieja ha sido crucificada con Cristo, y nosotros hemos sido resucitados a vida nueva en Él.

El misterio de Dios es este: «Cristo en vosotros, la esperanza de gloria» (Colosenses 1:27). Y ahora que Cristo vive en nosotros,

Él es nuestra identidad. Nos hallamos en medio del proceso de ser conformados a su imagen. Somos embajadores suyos, y como tales, llevamos en nosotros su autoridad. Y con su autoridad nos viene su poder para dar vida.

Toda autoridad

Mientras les hablaba a sus discípulos por última vez en la Tierra, Jesús dijo lo siguiente: «Toda potestad me es dada» (Mateo 28:18). Esa autoridad comienza con su derecho a reinar en la vida de usted. El hecho de que viva en usted significa que usted se encuentra bajo la autoridad de Él. Usted debe responder a los anhelos del corazón de Él. Y lo que anhela su corazón es buscar y salvar aquello que se había perdido. Es llevar vida a aquello que está muerto. Y solo Él tiene la autoridad y la capacidad necesarias para hacerlo.

Lo más asombroso de todo esto es que su autoridad sobre todas las cosas se expresa a través de la vida de los creyentes:

> Volvieron los setenta con gozo, diciendo: Señor, aun los demonios se nos sujetan en tu nombre. Y les dijo: Yo veía a Satanás caer del cielo como un rayo. *He aquí os doy potestad*... (Lucas 10:17-19)

> Porque en él habita corporalmente toda la plenitud de la Deidad, y vosotros estáis completos en él, que es la cabeza de todo principado y potestad. (Colosenses 2:9-10)

> Y sometió todas las cosas bajo sus pies, y lo dio por cabeza sobre todas las cosas a la iglesia, la cual es su cuerpo,

la plenitud de Aquel que todo lo llena en todo. (Efesios 1:22-23)

Cuando comenzamos a comprender que el Señor resucitado habita en nuestro interior, no podemos seguir siendo los que éramos antes. Él tiene autoridad sobre todas las cosas, y es el Señor de nuestra vida. Donde Él está presente, están presentes su autoridad y su poder.

Las llaves de la vida

¿Se le han perdido alguna vez sus llaves? Por lo general, cuando esto sucede, lo siguiente es que perdemos la cabeza. Es algo que nos vuelve locos. Esas cosas suelen suceder cuando tenemos prisa y la gente nos está esperando. Así que se nos sube la presión arterial y el corazón nos comienza a palpitar con fuerza, mientras echamos abajo toda la casa frenéticamente en busca de las famosas llaves.

Mientras tanto, afuera está estacionado su vehículo, listo para salir andando. Tiene gasolina, el motor a punto, está limpio y totalmente equipado para llevarlo dondequiera ir... pero no puede hacer nada sin las llaves. Sin ellas, todo su potencial le resulta inútil.

Hace poco, yo (Mel) perdí mis llaves. En realidad, esto no sucedió hace poco; las perdí hace un buen tiempo. Por fortuna, tengo un juego de llaves de repuesto, pero sigo teniendo la esperanza de que voy a hallar el primer juego de llaves antes de tener que ir a sacar un juego nuevo. La llave de mi camión tiene dentro un pequeño chip de computadora, y es muy caro conseguir una nueva. Podría ir a que me hicieran una llave que tuviera la forma exacta de mi llave perdida, pero no funcionaría sin tener

Lo que tenemos en el corazón es lo que abre las puertas del reino de los cielos.

dentro ese componente. Lo que me permite usar mi gran camión diesel cuatro por cuatro no es solo la forma de la llave, sino lo que la llave lleva en el centro.

Pensemos más acerca de las llaves; en particular, las llaves del reino de los cielos. Jesús le dijo a Pedro: «Y a ti te daré las llaves del reino de los cielos; y todo lo que atares en la tierra será atado en los cielos; y todo lo que desatares en la tierra será desatado en los cielos» (Mateo 16:19). Pronto verá que el poder de las llaves que nos dio el Señor no procede de la forma exterior de nuestra vida, ni de la forma de cristianismo que practiquemos. Lo que importa es lo que hay dentro; lo que tenemos en el corazón es lo que abre las puertas del reino de los cielos.

Recuerde que a Jesús le había sido dada *toda* autoridad. Y de alguna manera, Él nos ha transferido esa autoridad a los creyentes; nos ha dado las llaves del reino de los cielos.

Recordemos ahora otro pasaje que se refiere al reino de los cielos. El Señor les había enseñado antes a sus discípulos de qué manera debían orar: «Padre nuestro que estás en los cielos, santificado sea tu nombre. Venga tu reino. Hágase tu voluntad, como en el cielo, así también en la tierra» (Mateo 6:9-10). Después les dijo a Pedro y a los discípulos: «Les daré las llaves del reino de los cielos». Por voluntad soberana de Dios, su reino y su gobierno vendrían a la tierra por medio de la vida de sus discípulos. Les dio el poder de abrir y cerrar las puertas del cielo; el poder de atar y desatar aquello que tiene importancia eterna.

En este pasaje de Mateo 16, Jesús reconoce que el Padre está obrando en la vida de Pedro. Le había dado una profunda comprensión acerca de la verdadera naturaleza de Jesús, como «Tú eres el Cristo, el Hijo del Dios viviente» (v. 16). Él sabía que aquella revelación divina no le había sido dada a Pedro solo para que estuviera informado, o para que pudiera contemplarla de una manera intelectual. El Padre está activo en la vida de los suyos, de manera que ellos ajusten su vida a lo que Él está haciendo en el mundo que los rodea. Lo que vio Jesús en Pedro no fue un discípulo inteligente y capaz; vio al Padre obrando en él.

La Biblia dice: «El hombre natural no percibe las cosas que son del Espíritu de Dios, porque para él son locura, y no las puede entender, porque se han de discernir espiritualmente» (1 Corintios 2:14). El Padre le había dado discernimiento espiritual a Pedro con un propósito, y Jesús se conformó a ese propósito del Padre, dándoles a Pedro y a los otros discípulos las llaves del reino de los cielos.

Le estaba diciendo: «Pedro, es evidente que el Padre está obrando en tu vida. Por consiguiente, yo te encomiendo las llaves que abrirán el reino de los cielos. Tu vida va a ser el instrumento por medio del cual yo voy a traer la vida eterna a aquellos que están muertos en el pecado». Y haya comprendido Pedro o no lo que Jesús le estaba diciendo, está claro que sí comprendió que le estaba dando una profunda responsabilidad. Tendría que rendir cuentas de lo que hiciera con esas llaves.

Responsable

Descubrimos otro aspecto de esta responsabilidad eterna en estas palabras pronunciadas por Jesús en una ocasión posterior:

> Mas ¡ay de vosotros, escribas y fariseos, hipócritas! porque cerráis el reino de los cielos delante de los hombres; pues ni entráis vosotros, ni dejáis entrar a los que están entrando. [...] ¡Ay de vosotros, escribas y fariseos, hipócritas! porque sois semejantes a sepulcros blanqueados, que por

> fuera, a la verdad, se muestran hermosos, mas por dentro están llenos de huesos de muertos y de toda inmundicia. (Mateo 23:13, 27)

Aquellos líderes religiosos no tenían una relación genuina con Dios; solo mantenían las apariencias externas. Todo se les volvía hablar palabras vacías. Eran como un hermoso ataúd donde solo están las horribles consecuencias de la muerte. No había vida; no había comprensión espiritual. No había evidencias de la actividad del Padre. Como consecuencia, aquellos fariseos estaban impidiendo que el pueblo entrara al Reino. Le estaban cerrando la puerta con candado. Eran como hombres ciegos que guiaran a miles de personas y las llevaran a tirarse por el borde de un acantilado. Estaban llenos de palabras religiosas acerca de Dios, pero no lo conocían, ni tenían su poderosa presencia en sus vidas.

En contraste con esto, Jesús les estaba diciendo a sus discípulos: «Ustedes van a participar en la obra de ayudar a entrar a la gente al Reino. No se van a limitar a decir palabras vacías. En lugar de esto, el poder del Dios viviente que está obrando en sus vidas va a obrar por medio de ustedes para ayudar a otros también».

Usted ha recibido las llaves del Reino: esas «palabras clave» del Evangelio que libertan a los seres humanos del pecado.

Esta sería la estrategia de Dios para todos los tiempos. A través de la vida de la gente transformada, llevaría la salvación al mundo. El poder de la resurrección, que les había llevado vida a ellos, se esparciría a través de ellos hasta aquellos que tuvieran un encuentro con su vida.

¿Comprende usted que se le han entregado las llaves del Reino? Se le han dado las «palabras clave» del Evangelio que liberta a los seres humanos del pecado. El Reino vendrá cuando nosotros recibamos del Señor las llaves, *y las usemos*. Cuando vayamos al mundo bajo su autoridad para compartir el relato del Evangelio, el Espíritu de Dios tomará esas palabras y convencerá al mundo de la verdad. Somos colaboradores de Dios. Somos sus compañeros de trabajo. ¡Hemos recibido las llaves de la vida!

Por ese motivo, nos debemos hacer a nosotros mismos algunas preguntas muy serias. ¿Estamos usando las llaves que Cristo nos ha dado? ¿Salimos a compartir el Evangelio? ¿Estamos viviendo de una manera digna el Evangelio?

Si usted piensa en su vida y en el impacto que está causando en el mundo, ¿hay en todo ello alguna evidencia de que usted ha recibido las llaves del reino de los cielos?

Pedro no se limitó a recibir las llaves, sino que las utilizó para hacer entrar a muchos en el Reino. El día de Pentecostés, estaba lleno por completo del poder de la resurrección cuando decía: «Arrepentíos, y bautícese cada uno de vosotros en el nombre de Jesucristo para perdón de los pecados; y recibiréis el don del Espíritu Santo» (Hechos 2:38). Aquel día, tres mil almas entraron al reino de los cielos. Pedro estaba usando las llaves.

Más tarde, Pedro y Juan estaban en una de las puertas del templo, y vieron a un hombre cojo que estaba pidiendo dinero. Entonces Pedro le dijo: «No tengo plata ni oro, pero lo que tengo te doy; en el nombre de Jesucristo de Nazaret, levántate y anda» (Hechos 3:6). Nuevamente, estaba usando las llaves.

Una vez más, Pedro y los demás apóstoles fueron fieles en el uso de las llaves del Reino cuando comparecieron ante el Sanedrín. Habían creado un gran revuelo en Jerusalén, y los habían llevado ante los ancianos gobernantes para que respondieran por sus acciones. Estos les preguntaron: «¿Con qué potestad, o en qué nombre, habéis hecho vosotros esto?» (Hechos 4:7).

> Entonces Pedro, lleno del Espíritu Santo, les dijo [...] En el nombre de Jesucristo de Nazaret [...] porque no hay otro nombre bajo el cielo, dado a los hombres, en que podamos ser salvos. (vv. 8, 10, 12)

¡Pedro había usado las llaves de nuevo! Y la gente siguió entrando al Reino de todas las formas posibles.

¿DÓNDE ESTÁN LAS LLAVES?

La forma en que usted utilice las llaves del Reino, o bien va a ayudar a las personas a entrar en él, o va a hacer que se queden fuera de él. El poder de la resurrección nos ha sido encomendado a los creyentes que hemos conocido al Señor resucitado. Y el Señor nos va a pedir cuentas de la forma en que hayamos usado ese poder.

Jesús dijo: «Todo lo que atares en la tierra será atado en los cielos; y todo lo que desatares en la tierra será desatado en los cielos» (Mateo 16:19). Si dejamos las llaves colgadas de un gancho en algún lugar de nuestra casa, les estaremos cerrando las puertas del cielo a los que se hallan esclavizados por el pecado.

Jesús también dijo: «El que en él cree, no es condenado; pero el que no cree, ya ha sido condenado, porque no ha creído en el nombre del unigénito Hijo de Dios» (Juan 3:18). Los seres humanos ya han sido condenados, por causa de su pecado; ya están esclavizados a su naturaleza caída y pecaminosa. A menos que alguien los haga libres, permanecerán sometidos a la condenación.

Tenemos varias maneras de cerrarles las puertas del cielo a los demás. En primer lugar, no les estamos dejando entrar cuando nos negamos a hablarles de Jesús. Si nos negamos a compartir con ellos el Evangelio, a decirles las palabras de verdad que hacen libres a los seres humanos, estaremos cerrando con candado las puertas del cielo e impidiendo que entren. «¿Cómo, pues, invocarán a aquel en el cual no han creído? ¿Y cómo creerán en aquel de quien no han oído? ¿Y cómo oirán sin haber quien les predique?» (Romanos 10:14). Predicador no es el que tiene un puesto en una iglesia. Tampoco una persona que ha hecho estudios en un seminario y tiene las credenciales académicas debidas. Predicador es el que tiene las palabras de vida; el que ha recibido las llaves.

Todo aquél que lleve el nombre de Cristo, debe vivir como vivió Cristo ante un mundo que lo está observando.

En segundo lugar, no dejamos que la gente entre al cielo cuando nos convertimos en piedras de tropiezo; cuando la forma en que vivimos como cristianos se convierte en un factor disuasivo para otras personas. Todo aquel que lleve el nombre de Cristo, debe vivir como vivió Cristo ante un mundo que lo está observando. Sin embargo, a veces otras personas contemplan la vida de un cristiano y lo que ven es el poder del pecado, y no el poder de Cristo. Él mismo dijo: «Y cualquiera que haga tropezar a alguno de estos pequeños que creen en mí, mejor le fuera que se le colgase al cuello una piedra de molino de asno, y que se le hundiese en lo profundo del mar» (Mateo 18:6).

En tercer lugar, no permitimos que la gente entre al reino de los cielos cuando desobedecemos al Señor. Preferimos mantenernos dentro de la comodidad de nuestro estilo de vida, y nos negamos a seguir al Señor cuando Él va a liberar a otras personas. Tal vez nos esté pidiendo que entremos a trabajar en la obra misionera, pero nosotros no queremos movernos a un nuevo lugar dentro del ministerio. Como consecuencia, no estaremos donde el Señor quiere que estemos, y las personas que deberían oír a través de nuestra vida, no oirán. O quizá Él quiera que demos un estudio bíblico en nuestra iglesia, o que abramos nuestro hogar para que se reúna en él un grupo pequeño, pero nosotros nos negamos a salirnos de nuestra cómoda rutina, y eso significa que el Señor no nos podrá usar para realizar sus propósitos.

Tenemos numerosas formas de convertirnos en impedimentos para la obra de Dios, y a todos se nos pedirán cuentas sobre la manera en que hemos respondido a su llamado.

Una relación clave

Entonces, ¿cómo hacer? ¿Cómo experimentar el poder de la resurrección que abre las puertas del reino de los cielos?

Esto solo se logra por medio de una relación profunda y permanente con el Cristo resucitado. ¿Tiene usted esa clase de relación con Él?

Podemos experimentar el poder de la resurrección por medio de nuestra relación con Cristo, pero necesitamos hacer tres cosas básicas para lograrlo.

El primer paso consiste en *arrepentirnos*. No hay forma de saltarse este paso. ¿Hay en su vida algún pecado que está obstaculizando su relación con Cristo? Él murió para perdonar sus pecados, y resucitó para darle la victoria sobre ellos. No es posible permanecer en pecado y al mismo tiempo, experimentar el poder de la resurrección. Es espiritualmente imposible. Tenemos que arrepentirnos de nuestros pecados, y pedir perdón, para que esos pecados nos sean borrados.

¿Existe en su vida algún hábito o forma de conducta que provoque dudas? Líbrese de lo que sea; huya de esa forma de conducta; no permita que ninguna de esas cosas pese sobre sus hombros. ¿Tiene algún tipo de amargura o de mala voluntad hacia otra persona? Reconcíliese con esa persona, y trate de vivir en paz con todos. ¿Sigue existiendo una cierta tendencia al orgullo y a los sueños egoístas? Deseche todo eso, y pídale al Señor que le dé un espíritu contrito y humillado.

Aunque no encuentre ningún aspecto en el que tenga fallos, pídale al Señor que escudriñe su corazón y le muestre cualquier camino de maldad que pudiera existir en su vida. Si quiere tener el poder de la resurrección, es necesario que sea purificado de sus pecados.

En segundo lugar, debemos ser *totalmente obedientes* a lo que el Señor nos está pidiendo. Jesús dijo que el que lo ama a Él, también lo obedece (Juan 14:21). La evidencia de que existe una relación íntima de amor entre usted y el Señor, es la obediencia a su Palabra.

¿Hay algo que usted sepa que Dios quiere que haga, y no haya hecho? Obedezca de inmediato. ¿Le ha hecho a Dios alguna promesa que no le ha cumplido? Haga lo que le ha prometido; arregle ese asunto. Ante los ojos de Dios, cuando nos atrasamos en obedecer, estamos desobedeciendo. Haga hasta lo último que Él le haya dicho, y permanezca en su amor.

El tercer paso consiste en *buscar al Señor con todo el corazón.* No se sienta satisfecho con las glorias del pasado; búsquelo con un fervor renovado. ¿Siente el anhelo de conocerlo más, o se contenta con mantenerse dentro de la comodidad de su rutina de vida? ¿Cuánto tiempo ha pasado desde que lo refrescó por última vez la presencia de Dios?

Vaya a Él, corra hacia Él y búsquelo de todo corazón. Su relación con Cristo es la clave para conocer el poder de la resurrección.

Cristo primero

El *yo* es el mayor de los impedimentos que tenemos en nuestra vida. Nuestra naturaleza humana busca la forma de robarle a Dios su gloria y adjudicársela a sí misma. Nuestra vida natural es afectada por el pecado, y el orgullo no es más que un ladrón. Nuestro orgullo es capaz de impedir durante toda nuestra vida que conozcamos el poder de Dios que tenemos dentro, porque Dios no está dispuesto a compartir su gloria con nadie, y no usa a aquellos que no pueden soportar esto.

Por eso, Jesús dijo que si queremos seguirle, tenemos que negarnos a nosotros mismos (Lucas 9:23). Él nos dice: «Yo voy a hacer la voluntad del Padre; yo estoy trabajando para que mi Padre traiga su Reino a la tierra, y voy a quebrantar el poder del pecado para libertar a los seres humanos de las garras de Satanás. Si quieres seguirme, abandona tus insignificantes quejas y deja detrás tus apetitos egoístas».

El yo dice otra cosa: «Dame dones grandiosos, para que te pueda servir con poder». Entonces, Dios mueve la cabeza mientras dice: «No me has entendido. Yo no te doy capacidad, talentos ni poder para que los uses como tú quieras. Lo que te doy es una relación conmigo».

Hay todo un mundo de diferencia entre nuestros mejores esfuerzos y el poder de Dios.

Es posible que usted posea numerosos talentos y capacidades que esté usando para servir a Dios. Sin embargo, hay todo un mundo de diferencia entre nuestros mejores esfuerzos y el poder de Dios. Por eso Jesús puso ese fundamento básico al principio mismo de su llamado al discipulado: si queremos seguirle para hacer la obra del Reino, *tenemos que negarnos a nosotros mismos.*

¡Usted mismo es su propio peor enemigo! El hecho de que esté tratando de agradar al Señor a base de esforzarse, es señal de que se está rebelando contra la obra consumada por Cristo en la cruz, y olvidándose del poder de la resurrección.

Cuando Pedro y los demás discípulos sanaron al hombre cojo y presentaron un poderoso testimonio ante los gobernantes del pueblo, oímos este otro testimonio: «Entonces viendo el denuedo de Pedro y de Juan, y sabiendo que eran hombres sin letras y del vulgo, se maravillaban; y les reconocían que habían estado con Jesús» (Hechos 4:13). El poder para transformar vidas rotas procede de una fuente; la única fuente: Jesucristo.

¿Reconocen los demás que hemos estado con Jesús, y que Él ha transformado nuestra vida por completo? ¿Escuchan continuamente que hablamos de Él? ¿Sienten que en verdad lo conocemos?

El mundo no necesita ver lo buenos que somos, sino ver al Hijo perfecto de Dios en nuestra vida. O sea, que en nuestra vida hay una diferencia reconocible que está exigiendo que se nos pregunte: «¿Con qué potestad, o en qué nombre, habéis hecho vosotros esto?». ¿Qué hay en su vida que hace que usted sea tan diferente?

Necesitamos una relación personal con Jesucristo que sea real. Necesitamos pasar tiempo con Él, y no sentirnos satisfechos con un pequeño y rápido pensamiento devoto para todo el día.

Si usted es nuevo en la fe, necesita saber que no hay nada más importante que el tiempo con el Señor. Esa va a ser la mejor inversión que haga en su vida. Es lo que va a traer a ella todo lo que Dios se proponía que usted recibiera cuando decidió salvarlo. «Porque todas las promesas de Dios son en él Sí, y en él Amén, por medio de nosotros, para la gloria de Dios» (2 Corintios 1:20).

Y si usted ha caminado con el Señor Jesús durante muchos años, su caminar con Él necesita estar fresco y vivo. No se puede quedar atascado en el pasado; es necesario que lo siga activamente. Él no se queda quieto, sino que sigue adelante, haciendo la voluntad del Padre. ¿Le está enseñando cosas nuevas? ¿Le está presentando nuevas oportunidades de servir? ¿Hay gente nueva que está bendiciendo a través de usted? ¿Siente un profundo anhelo de seguir a Jesús, tal como lo sentía el primer día que tuvo un encuentro con Él?

Recuerde: Jesús no nos da poder, sino que ¡*Él mismo* es nuestro poder! Solo dentro de una relación con Él podrá usted ver cómo obra su inmenso poder en su vida. Y cuando realizamos nuestro caminar dentro de esa relación con Él, recibimos de Él las llaves de la vida.

Capítulo 12

LA SEGURIDAD DE LA RESURRECCIÓN

¿Qué, pues, diremos a esto?
Si Dios es por nosotros,
¿quién contra nosotros?

Romanos 8:31

Todo el que tenga una relación íntima con Jesucristo, es una persona que lleva una vida sosegada. Eso no significa que la vida le sea fácil, sino que su vida no es complicada ni está repleta de estrés. Vive con una fe de niño que se siente totalmente segura con respecto al amor de Dios.

«Si Dios es *por* nosotros» (Romanos 8:31), entonces ¿por qué tendríamos razón alguna para temer? No tenemos por qué preocuparnos por lo que nos espera en el futuro, porque es la mano de Dios la que nos guía hacia ese futuro.

Edificados sobre la roca

Jesús relató una parábola acerca de dos constructores de casas. Uno de ellos edificó su casa sobre una roca; el otro la edificó sobre la arena (Mateo 7:24-27). La misma tormenta azotó a las dos casas. Era de esperarse, porque todas las casas se hallan sometidas a los elementos y deben defender contra las actuaciones de la naturaleza. Sin embargo, cuando las azotó la tormenta, una de ellas se mantuvo fuerte, mientras que la otra se derrumbó con gran estrépito. La casa que estaba edificada sobre la roca se salvó; la que estaba edificada sobre la arena quedó destruida.

Con esto nos estaba diciendo que a todos los seres humanos nos azotan tormentas de algún tipo; hay quienes se mantienen firmes, mientras que hay otros que se derrumban. Y cuando llegan las tormentas, cuando soplan los vientos huracanados, cuando nos tratan de aplastar las crisis, la pregunta clásica que oímos es la misma: «¿Por qué les pasan cosas malas a las personas buenas?» O si no, esta: «Si Dios es un Dios de amor, ¿por qué permite que la tragedia toque a los suyos?». El término teológico que define a esta pregunta es *teodicea*: el intento de explicar cómo es posible que el mal esté presente en un mundo controlado por un Dios amoroso.

También es posible que usted haya escuchado esta sencilla reacción: «Cuando me hice cristiano, pensé que Dios cuidaría de mí, y me protegería de todo daño y de todo problema».

Si aún no lo ha logrado comprender, lo cierto es que las pruebas encuentran siempre la forma de llegar a nuestra vida. Todos y cada uno de nosotros pasamos por tribulaciones. Tarde o temprano, a todos nos llegan. Y cuando llegan, ¿dónde podemos acudir? ¿De dónde podemos sacar fortaleza? ¿Ha aprendido a mantenerse firme con el Señor resucitado y disfrutar de su poder para vencer?

Jesús nos dijo: «En el mundo tendréis aflicción; pero confiad, yo he vencido al mundo» (Juan 16:33). En el mundo *hay* tribulación; eso es seguro. Y para soportarla, necesitamos acudir a Aquel que ya la ha vencido.

Bendecidos por Dios

Aquí podríamos dedicar un tiempo a escribir acerca de la cuestión de la existencia del mal en el mundo. Sin embargo, hay otro asunto que es necesario tratar primero; algo que tal vez sea más desconcertante; más difícil de comprender. Es la cuestión del *amor* de Dios por los que hacen el mal. «Porque de tal manera amó Dios al *mundo*, que ha dado a su Hijo unigénito» (Juan 3:16). ¿Cómo es posible que Dios ame a los pecadores?

En los momentos de sufrimiento, hay quienes quieren preguntar: «¿Por qué me tuvo que pasar a mí esto tan terrible?». Sin embargo, deberíamos estar preguntando: «¿Por qué me ama Dios a mí? ¿Por qué me perdona cuando peco? ¿Por qué me perdona cuando vuelvo a caer en ese mismo pecado? ¿Por qué me sigue buscando cuando yo lo abandono a Él? ¿Por qué el Dios santo ama a una persona llena de pecado como yo? ¿Cómo es posible que me esté pasando a mí algo tan maravilloso?». *Maravillosa gracia, qué dulce es tu sonido, que salvaste a un miserable como yo. Antes yo estaba perdido, pero ahora he sido hallado; estaba ciego, pero ahora veo.*

> *Cuando llegan los problemas, ¿a quién acude usted?*

Bajo la luz del amor de Dios, de su misericordia, de su gracia, las pruebas y las tribulaciones se ven muy distintas. Cuando estamos con el Señor resucitado, el mundo parece adquirir un aspecto nuevo. Tan es así, que Pablo pudo decir: «Nos gloriamos en las tribulaciones» (Romanos 5:3).

Nuestro mayor problema consiste en que no sabemos reconocer que todos los problemas con los que nos enfrentamos tienen algún propósito positivo y redentor. Mientras no nos enfrentemos con esta realidad, seremos víctimas indefensas de los problemas a lo largo de toda nuestra vida.

¡Dios sigue estando en su trono! Él sigue teniendo dominio sobre todo. Y es Él quien permite los problemas, por muchas razones distintas. Y el Cristo resucitado camina con nosotros, sin importarle lo que se nos cruce en el camino. Nuestra seguridad en la vida no está en nuestra capacidad personal para vencer, sino en saber que Él ya ha vencido.

Bendecidos a pesar del mal

En ese caso, ¿por qué nos vienen las pruebas?

- *Porque somos humanos, y vivimos en un mundo caído.* Los desastres, los problemas y las enfermedades son cosas comunes y corrientes en esta tierra.
- *Porque pecamos o desobedecemos a Dios.* Nuestras malas decisiones traen consigo unas consecuencias indeseables.
- *Porque Dios nos quiere disciplinar.* Los padres comprendemos que amar significa disciplinar, corregir y adiestrar a nuestros hijos. De igual manera, Dios usa nuestras pruebas para instruirnos y adiestrarnos en la manera de caminar con Él.
- *Porque los tiempos difíciles nos llevan a la Biblia.* Nos impulsan a buscar respuestas en la Palabra de Dios. Las pruebas nos llevan a reorganizar nuestras prioridades, y a buscar verdades que nos guíen en la vida.

- *Porque en los momentos de crisis, nuestra comunión con Dios pasa a un nivel más profundo.* Las dificultades intensifican nuestra dependencia de Dios y nos ayudan a darnos cuenta de que nos conviene mantenernos cerca de Él.
- *Porque las pruebas nos enseñan a orar con fervor.* Con demasiada frecuencia descuidamos nuestra oración, hasta que nos encontramos con los sufrimientos.
- Y algunas veces nos vienen las pruebas, *por razones que nos son desconocidas.* Hay ocasiones en las cuales Dios permite los problemas, y nada de lo que pasa tiene sentido para nosotros. Sin embargo, debemos tomar la decisión de seguir confiando en Él, pase lo que pase.

Confiamos en Dios, porque estamos convencidos de que nos ama; confiamos en su corazón. Y en medio de los sufrimientos, es muy posible que nos sintamos más cercanos al Señor que en ningún otro momento de nuestra vida. Esto no sucede con todos; de lo contrario, el mundo entero estaría formado por soldados valientes del Señor. Ahora bien, en la vida de quienes confían en Dios y han aprendido a caminar con Cristo, suceden cosas milagrosas como consecuencia del sufrimiento.

Cuando Dios permite unos problemas que no nos parece que tengan sentido alguno, debemos tomar la decisión de seguir confiando en Él de todas maneras.

Se cuenta de un funcionario del gobierno en un país hostil a los cristianos, que dijo en cierta ocasión: «Los cristianos parecen prosperar en medio de las persecuciones. Tal vez deberíamos hacer que prosperaran, y entonces desaparecerían». Como ve, en las persecuciones hay algo especial que fortalece a los creyentes en su fe.

Si usted acudió a Cristo porque quería estar libre de problemas, no acudió a la persona correcta. Basta con que vea los problemas que dice Pablo que ha tenido en su propia vida:

> …en trabajos más abundante; en azotes sin número; en cárceles más; en peligros de muerte muchas veces. De los judíos cinco veces he recibido cuarenta azotes menos uno. Tres veces he sido azotado con varas; una vez apedreado; tres veces he padecido naufragio; una noche y un día he estado como náufrago en alta mar; en caminos muchas veces; en peligros de ríos, peligros de ladrones, peligros de los de mi nación, peligros de los gentiles, peligros en la ciudad, peligros en el desierto, peligros en el mar, peligros entre falsos hermanos; en trabajo y fatiga, en muchos desvelos, en hambre y sed, en muchos ayunos, en frío y en desnudez. (2 Corintios 11:23-27)

¡Para que después venga alguien a hablar de que ha tenido un mal día! Pablo soportó muchas tormentas en su vida. Sin embargo, en medio de todas sus pruebas, lo que sucedió fue que se fortaleció en su fe. Cristo se convirtió en su fortaleza. «Para lo cual también trabajo, luchando según la potencia de él, la cual actúa poderosamente en mí» (Colosenses 1:29).

Seguros en su presencia

Por el hecho de ser cristiano, usted puede soportar cualquier crisis que le sobrevenga, gracias a la mano del Señor, que nos protege.

En el Antiguo Testamento, Dios dice:

> No temas, porque yo estoy contigo;
> no desmayes, porque yo soy tu Dios que te esfuerzo;
> siempre te ayudaré,
> siempre te sustentaré
> con la diestra de mi justicia. (Isaías 41:10)

En el Nuevo Testamento, Jesús dice:

> Mis ovejas oyen mi voz, y yo las conozco, y me siguen, y yo les doy vida eterna; y no perecerán jamás, ni nadie las arrebatará de mi mano. Mi Padre que me las dio, es mayor que todos, y nadie las puede arrebatar de la mano de mi Padre. Yo y el Padre uno somos. (Juan 10:27-30)

Usted nunca tiene que decir «¡Pobre de mí!» en su presencia.

Cuando el Señor está con usted, le es posible seguir adelante sintiéndose seguro, sabiendo que Él lo ve, que Él comprende el cuadro general de la situación, y que está al tanto de todos los detalles de su vida. Puede estar seguro de que Él tiene el poder necesario para hacer todo aquello que quiera hacer; los milagros son su especialidad. El Señor tiene un propósito cuando permite que pasemos por pruebas en nuestra vida, y las acciones que realiza con respecto a usted brotan de un corazón que es solo amor.

Ya no tiene necesidad de temer, ni de permitir que lo abrume la ansiedad; el Señor resucitado está con usted. Nunca tendrá que decir «¡Pobre de mí!» en su presencia. En lugar de esto, se oirá decir a sí mismo: «¡Qué afortunado soy de tener un Dios que me ama; un Dios que nunca me va a dejar ni me va a abandonar! Y, ¡qué maravilloso será deshacerme de este cuerpo mortal para vivir con Él por toda la eternidad!».

Todos tenemos nuestros tiempos de crisis. Pero hay quienes tienen que correr ansiosos para hallar la ayuda de Dios, mientras que otros permanecen todo el tiempo en su presencia, y reciben su ayuda de inmediato.

La paz no es solo un sentimiento, sino también una relación. Nunca la obtendremos en la religión, sino en la relación con Cristo. La paz no es algo, sino Alguien. No es un sentimiento, ni una experiencia, sino la soberanía de Cristo, la encarnación viviente de la paz. Cuando Pablo dice que absolutamente nada «nos podrá separar del amor de Dios, que es en Cristo Jesús Señor nuestro» (Romanos 8:39), esas palabras no son simple retórica teológica, sino que constituyen *la verdad*. No tenemos necesidad de poner en tela de juicio el amor de Dios; tampoco tenemos necesidad de poner en tela de juicio su voluntad. Podemos confiar en lo que Dios tiene en su corazón.

Hemos descubierto que las tribulaciones no son las únicas que nos trastornan la vida; Dios mismo puede virar al revés nuestro mundo. Cuando Él comienza a obrar con su gran poder, nos perturba la vida. Y solo aquellos que estén preparados permanecerán en pie. Solo aquellos que sean fortalecidos con su poder, podrán soportar su actividad. Dios prueba nuestra fe por medio de esas tribulaciones, para ver si estamos listos para sus poderosas obras. Así como se prueba el acero para asegurarse de que puede soportar el peso de un gran puente, también nuestra fe es probada para ver si podemos soportar la poderosa obra de Dios, antes que esta llegue. Cuando nuestra fe esté segura, Dios derramará su Espíritu con poder en medio de nosotros.

Basta que camine con el Señor, y estará preparado para la tribulación; estará listo para que venga con poder el Espíritu de Dios. Y estará preparado para cuanto suceda en su vida. Y a través de su respuesta, el mundo verá a Dios. Más importante aún, *usted* verá a Dios realizando sus propósitos en su propia persona.

Los lazos de familia

La seguridad que conocemos en Cristo se encuentra en nuestra nueva relación con Él: somos familia.

Juan lo describe de esta forma: «Mirad cuál amor nos ha dado el Padre, para que seamos llamados hijos de Dios» (1 Juan 3:1). A causa de la resurrección, no solo tenemos comunión con Dios, sino que nos convertimos en hijos suyos. *Nacemos* de Él. No se trata de algo simplemente externo, sino de una relación *interna* vital. No es solo el hecho de estar asociados a Dios, sino la existencia de una unión vital con Él. Nacemos como parte de la familia de Dios.

Si nos convertimos en hijos de Dios, es gracias a la resurrección.

Es un asombroso privilegio el que podamos tener comunión con el Dios santo. ¡Cuánto más lo es el que seamos hijos suyos! Como hijos de Dios, ocupamos una cierta posición ante Él. Los hijos tienen con sus padres una relación que les asegura ciertos privilegios. Y nosotros tenemos una relación exclusiva y separada con el Dios todopoderoso.

Sin embargo, hay quienes dicen: «¿Acaso no son hijos de Dios todos los seres humanos? ¿Acaso no creó Dios a todos, y por tanto, es el Padre de toda la raza humana?».

La respuesta es que sí… y que no.

Sí, Dios creó a todos los seres humanos. Sí, todos procedemos de la misma fuente, y somos obra de sus manos. Pero *no*; no todos tenemos la misma relación con Él, porque no todos somos hijos suyos.

Las Escrituras hablan con claridad en este punto. Jesús dijo:

> Si vuestro padre fuese Dios, ciertamente me amaríais; porque yo de Dios he salido, y he venido; pues no he

> venido de mí mismo, sino que él me envió. [...] Vosotros sois de vuestro padre el diablo, y los deseos de vuestro padre queréis hacer. [...] El que es de Dios, las palabras de Dios oye; por esto no las oís vosotros, porque no sois de Dios. (Juan 8:42, 44, 47)

Las Escrituras no enseñan que todos los seres humanos son hijos de Dios. Tenemos dos relaciones distintas con Él. Una es la relación por creación, y la otra es la relación por salvación. La primera la compartimos todos los seres humanos, puesto que todos le pertenecemos a Dios como Creador. La segunda solo la comparten aquellos que han nacido de nuevo: solo ellos le pertenecen a Dios como Padre. Esto ha sido logrado por medio de la muerte y la resurrección de Jesús, y solo aquellos que tienen una relación con Él pueden ser llamados hijos de Dios. Si no tenemos esa relación, estamos fuera de la familia de Dios, y seguimos estando muertos en nuestras transgresiones y nuestros pecados, y no tenemos ninguno de los privilegios de quienes son hijos suyos.

La naturaleza divina

Cuando Juan destaca el hecho de que somos hijos de Dios, está diciendo algo muy importante. Un hijo tiene una naturaleza en común con su padre; el hijo de Dios comparte la vida misma de Dios.

Pedro lo afirmó de esta manera: «Por medio de las cuales nos ha dado preciosas y grandísimas promesas, para que por ellas llegaseis a ser participantes de la naturaleza divina» (2 Pedro 1:4). El hecho de convertirnos en partícipes de la naturaleza divina es un concepto difícil de comprender, y sin embargo, se encuentra por todas partes en el Nuevo Testamento.

En Juan 15, Jesús habla de la vid y los pámpanos. El pámpano es la rama que está «en» la vid, de manera que la vida de la vid pasa al pámpano; hay una relación orgánica entre ambos.

Eso es lo que está diciendo Juan cuando dirige nuestra atención hacia el amor que el Padre derrama sobre nosotros «para que seamos llamados hijos de Dios» (1 Juan 3:1). Por ser hijos, la vida del Padre celestial nos es transmitida a nosotros. Nunca debemos pensar que un cristiano solo es alguien que trata de llevar una vida buena, que se esfuerza por ser mejor que todos los demás, que realiza ciertos ritos de su iglesia, o que cree en las doctrinas correctas. Los cristianos son hijos de Dios, y han nacido de nuevo del Espíritu de Dios. Han recibido algo de la misma naturaleza y la misma vida del propio Dios. Son personas transformadas; son una nueva creación. Son absoluta y esencialmente diferentes a los que aun no han nacido de nuevo. Juan quiere que comprendamos que los cristianos no nos limitamos con *actuar* distinto, sino que *somos* distintos.

Ahora bien, ¿cómo nacimos en la familia de Dios? Juan responde de una forma interesante: «Mirad cuál amor *nos ha dado el Padre*». Después sigue hablando del amor que Dios nos ha «mostrado», «revelado» o «manifestado», para describir cómo fue que Él *nos dio* ese amor. Dios ha puesto su amor *dentro* de nosotros: nos lo ha infundido o inyectado en nuestro interior.

Lo que nos hace realmente hijos de Díos es que Él ha puesto en nosotros su propia vida.

La palabra clave de este versículo es *para*, o más adecuadamente, *para que*. Dios nos dio su amor con este propósito: que nos convirtiéramos en hijos suyos. Lo que nos hace realmente hijos de Dios es que Él ha puesto en nosotros su propia vida. Su naturaleza es amor, y Él puso en nosotros esa naturaleza suya, para que nosotros poseyéramos su amor.

Por eso la Biblia habla tanto de que los cristianos amen a los demás. El amor de Dios, cuando brota de nosotros, es la evidencia de que tenemos la naturaleza divina en nuestro interior, y por tanto, es la demostración de que hemos nacido de nuevo. Pablo lo dijo de esta forma: «El amor de Dios ha sido derramado en nuestros corazones por el Espíritu Santo que nos fue dado» (Romanos 5:5).

El que seamos hijos de Dios es un gran misterio, y el mundo no lo comprende. Lo ridiculiza. Nos dice: ¡Tú te proclamas hijo de Dios! ¡Dices que has nacido de nuevo, que tienes al Espíritu Santo en tu interior, que compartes la naturaleza divina! *¡Estás loco!*». Y después nos sigue diciendo: «Tú no eres mejor que nosotros. De hecho, solo eres una persona común y corriente, como todos los demás». Pero no se incomode si el mundo no lo comprende; tampoco comprendió a Jesús.

Es posible que usted no encaje con el mundo que lo rodea, pero queremos que sepa una cosa. *Usted forma parte de algo.* Usted forma parte de la familia de Dios. Dios no tiene huérfanos. Usted pertenece a su casa.

¿Acaso puede haber algo que nos dé mayor seguridad en la vida que caminar con Cristo en la familia de Dios?

Una demostración en vivo

Es fácil descubrir quiénes han estado caminando con el Cristo resucitado, por la forma en que viven a lo largo del tiempo. Hay una diferencia de calidad entre la persona que ha tenido un encuentro con el Señor resucitado, y la que no. Solo hay que observar su vida a lo largo del tiempo. Observe cómo envejece.

Los que han conocido la presencia del Señor van a ser almas en reposo. Estas personas no estarán ansiosas ni preocupadas por el mañana; viven seguras día tras día en la presencia del Señor, y su vida hace que las cosas sean diferentes a su alrededor. El poder de la resurrección para dar vida deja un rastro de transformación dondequiera que vayan. Cuando su vida en la Tierra se esté acercando a su fin, tendrán la segura esperanza de una eternidad con Cristo. Sus actitudes van a estar repletas de gracia, y el tierno espíritu del Señor los consumirá. Será un gozo estar cerca de ellos, porque le levantarán el ánimo a todo el que los conozca. Estarán viviendo en el gozo de su salvación, y conocerán la presencia de Cristo.

En cambio, los que no han tenido un encuentro con el Señor estarán cada vez más inquietos. En los años de su ancianidad, tenderán a ser conocidos como personas cuyo nombre comienza con *G* y termina con *ruñón*, lo cual hará que las demás personas los mantengan a distancia. Se sentirán frustrados porque han sido incapaces de dejar una buena huella en la vida, cada vez más ansiosos a medida que se acerca el fin, y desvalidos para hacer algo al respecto.

Cuando alguien se siente inseguro en cuanto a su relación con Dios, también se siente inseguro con respecto a la eternidad. El temor se va apoderando de la persona a medida que se acerca a su muerte física, porque en lo más profundo de su ser, su alma sabe lo que le espera.

¿Verdad que siente el gozo de la resurrección? Puede tener la seguridad de que su futuro se encuentra en las manos de Jesús. Él ha vencido a la muerte y le está preparando la recompensa debida a una vida de fidelidad.

Seguridad: eso es lo que trae consigo la resurrección. Porque Él vive, también nosotros viviremos en el reino de los cielos.

Capítulo 13

LA ESPERANZA DE LA RESURRECCIÓN

Tampoco queremos, hermanos, que ignoréis acerca de los que duermen, para que no os entristezcáis como los otros que no tienen esperanza. Porque si creemos que Jesús murió y resucitó, así también traerá Dios con Jesús a los que durmieron en él.

1 Tesalonicenses 4:13-14

Hemos hablado sobre todo del poder de la resurrección aquí y ahora; su efecto sobre nuestra vida en la Tierra. Sin embargo, sí, hay mucho más.

Para Pablo, la experiencia presente de la vida de resurrección no es suficiente: «Si en esta vida solamente esperamos en Cristo, somos los más dignos de conmiseración de todos los hombres» (1 Corintios 15:19). Pablo vivía su fe con toda seguridad, porque creía que el Cristo resucitado que caminaba con él en espíritu día tras día, también algún día lo resucitaría con un cuerpo nuevo. El Dios que levantó a Jesús de la tumba nos levantaría también *a nosotros* de la misma forma.

Pablo dice: «Porque si creemos que Jesús murió y resucitó, así también traerá Dios con Jesús a los que durmieron en él» (1 Tesalonicenses 4:14). Una de las consecuencias más importantes de la resurrección es que si nosotros tenemos una relación correcta con Cristo, ya no tenemos motivo alguno para temerle a la muerte.

Un lugar llamado cielo

¿Se puede imaginar el cielo? ¿Puede comenzar siquiera a comprender cómo va a ser la vida allí?

En esta tierra que Dios creó, hay muchos paisajes asombrosos que podemos ver. Tal vez usted haya contemplado el Gran Cañón del Colorado, o haya descendido a las cavernas de Carlsbad, o se haya sentado a altas horas de la noche para contemplar la aurora boreal, o se haya detenido al borde del mar, fascinado por el romper de las olas. Tal vez haya experimentado el gozo del matrimonio, o contemplado los ojos de su hijo recién nacido mientras él respira por primera vez. La gente que hemos conocido, los paisajes que hemos visto, la maravilla de todas esas cosas… nada se puede comparar con la esperanza que tenemos de ver un día al Señor cara a cara en un lugar llamado cielo.

Los escritores de la Biblia trataron de expresar cómo es el cielo, pero ¿de qué manera lo pueden describir las palabras? ¡No pueden! No hay palabras adecuadas para hacerlo. Los lenguajes humanos fracasan cuando se trata de describir el cielo. Y, por maravillosas que sean las descripciones bíblicas, solo son un destello de la realidad que vamos a experimentar.

Lo mejor que podemos hacer, es describir las cosas más grandes que nos podemos imaginar, pero aun eso se quedará corto. Calles pavimentadas con oro. Una mansión preparada exclusivamente para nosotros. Un mar de cristal encantador a la vista. Un lugar donde vamos a gozar de todo lo que es bueno; de todo lo que es justo. Un lugar donde vamos a disfrutar de la ausencia del mal, del pecado y de la muerte. Todos podremos cantar allí en perfecta armonía; ¡qué culto de adoración tan grandioso vamos a tener!

¿Podría usted comenzar a comprender siquiera cómo va a ser la vida en el cielo?

A pesar de todo esto, hay una gran posibilidad de que cuando veamos el cielo por vez primera, no se parezca en nada a cuanto nos hayamos podido imaginar. Es lo que dijo Pablo: «Cosas que ojo no vio, ni oído oyó, ni han subido en corazón de hombre, son las que Dios ha preparado para los que le aman» (1 Corintios 2:9).

Recuerdo (habla Mel) cuando llevé a mis hijos a Disneylandia. Fue el gran tema de conversación durante medio año antes de hacer el viaje. Nos metíamos en la Internet para ver las fotografías y leer todo lo que decía acerca de todos los juegos. Hablábamos de aquello a la hora de acostarnos, imaginándonos cómo sería. Sin embargo, nunca olvidaré el aspecto de sus rostros cuando atravesamos las puertas del parque. Tenían los ojos muy abiertos, mirando arriba, abajo, a los lados, y a todo lo que se moviera. Yo me volví a mi hijo y le dije: «¿Así es como creías que iba a ser este lugar?». Todo lo que me pudo decir fue: «Es mejor, papá. ¡Mucho mejor!».

No tengo duda alguna de que también nosotros vamos a exclamar «¡Mucho mejor!» la primera vez que comparemos el cielo con todo lo que nos hemos imaginado.

La esperanza de gloria

No podemos hablar de vivir la resurrección, sin hablar acerca de la esperanza que tenemos en Cristo: la esperanza de un lugar mejor, después que desaparezca nuestro cuerpo físico.

En Cristo, tenemos una esperanza que el mundo no tiene. Pablo habla del «misterio que había estado oculto desde los siglos y edades», y que Dios nos ha dado a conocer: «Este misterio [...] que es Cristo en vosotros, la esperanza de gloria» (Colosenses 1:26-27). El mayor de los misterios que hay en el mundo es que Dios anhela que el Cristo resucitado habite en los corazones de aquellos que creen, y sea su «esperanza de gloria».

La esperanza en Dios carece de dudas; es la realidad en espera de ser vivida.

La esperanza bíblica no es como la esperanza del mundo. Para el mundo, la esperanza no es más que un pensamiento alentador. Pero cuando tenemos nuestra esperanza puesta en Dios, tenemos la seguridad de que Él hará todo lo que ha prometido. La esperanza puesta en Dios no tiene dudas; no se la pone en tela de juicio. Para los que hemos creído en Cristo, la esperanza es la realidad esperando a ser vivida.

La «gloria» a la que se refiere Pablo cuando habla de nuestra «esperanza de gloria» es la presencia, el poder y la actividad de toda la plenitud de Dios. La «gloria» se refiere a la presencia manifiesta de Dios. Es una expresión de la participación activa de Dios en la vida de su pueblo. Por consiguiente, la vida eterna consiste en vivir en la presencia de Dios y gozar para siempre de su bondad.

Esto es lo que Pablo estaba diciendo: «He llevado una vida dura, pero no me importa. Tengo el gozo de hablar de las buenas nuevas de Dios. El misterio que ha estado escondido durante tantos siglos, ha sido aclarado ahora, y se encuentra al alcance de todos los que respondan. El misterio de la vida eterna es Cristo en vosotros, la esperanza de gloria. Y todo el que haya puesto su fe en Jesucristo, al mismo tiempo habrá recibido la esperanza de gloria».

Un vistazo a lo eterno

Entonces, ¿cuál es esta *esperanza* que se encuentra en Cristo? ¿Cuál es este lugar al que llamamos cielo?

La Biblia usa la palabra *cielo* de unas cuantas maneras distintas. Habla de «los cielos» como parte del universo creado. Concretamente, los cielos son todo lo que se halla sobre la Tierra (nuestro cielo, y el firmamento con los planetas y las estrellas que nos muestran su luz). David escribió: «Los cielos cuentan la gloria de Dios, y el firmamento anuncia la obra de sus manos» (Salmo 19:1). La belleza que contemplamos en los «cielos» creados por Dios nos señala hacia un hogar celestial más glorioso aún que aquello de lo que disfrutamos en el presente.

La segunda forma en que la Biblia usa la palabra *cielo* nos interesa más. Este término es usado también para describir la habitación eterna de Dios; un ámbito en el cual habita con sus ángeles. Jesús nos enseñó a orar diciendo: «Padre nuestro que estás en los cielos, santificado sea tu nombre» (Mateo 6:9). El cielo es un lugar que se encuentra más allá de la experiencia humana. Es la fuente de todo lo bueno. Es el objeto de nuestra esperanza. Es el hogar futuro de aquellos que hayan puesto su fe en Cristo.

Cuando estudiamos la naturaleza del cielo, vemos que su descripción bíblica va creciendo a lo largo de la Biblia. De hecho, el Antiguo Testamento dice poco acerca de lo que le sucede al alma después que morimos; todo lo que dice, es que Dios tiene un plan para el futuro. Tampoco habla mucho acerca del infierno; solo habla de «la tumba» o «el lugar de los muertos».

En cambio, el Nuevo Testamento desarrolla un concepto más completo del cielo. Tal vez esto se deba a que Jesús, en su propia relación con sus discípulos y su presencia en medio de ellos, les proporcionó la posibilidad de captar un destello de lo que vendría en el futuro.

En ese caso, ¿qué es lo que estamos esperando? ¿Qué tenemos la esperanza de encontrar en el cielo?

El cielo es la libertad

El cielo es un lugar del cual se hallan ausentes todas las cosas negativas. Allí disfrutaremos de libertad con respecto a todas las cosas que constituyen una carga para nosotros aquí abajo en la Tierra.

> *En el cielo disfrutaremos de libertad con respecto a todas las cosas que constituyen una carga para nosotros aquí en la tierra.*

En la revelación que le dio Jesús a Juan se lo describe de esta forma: «Enjugará Dios toda lágrima de los ojos de ellos; y ya no habrá muerte, ni habrá más llanto, ni clamor, ni dolor; porque las primeras cosas pasaron» (Apocalipsis 21:4).

Según dice Jesús, en el cielo ya no habrá más dolor. Todos hemos sentido dolor en nuestra vida; en parte físico, y en parte emocional. Conocemos personas que tienen que batallar con dolores crónicos, y que solo pueden encontrar un alivio en medicamentos fuertes que los dejan aturdidos y confusos. Sus dolores los limitan y les roban la energía, recordándoles constantemente que hay algo que anda mal en su vida física. Sin embargo, según la Biblia, abandonaremos estos cuerpos viejos para recibir un cuerpo nuevo de resurrección, libre de dolores y de enfermedades.

En el cielo habrá ausencia de lágrimas; se habrá terminado el llanto. Nosotros conocemos la agonía que sentimos cuando tenemos el corazón destrozado, cuando vemos batallar a nuestros hijos, cuando perdemos a un ser querido, o miles de cosas más que nos parecen robar el gozo para llenarnos de angustia. En el cielo, el Señor enjugará toda lágrima, y no habrá más llanto.

Tampoco habrá más muerte allí. No les tendremos que dar el último adiós a aquellos a quienes amamos. La resurrección habrá vencido a la muerte, y la eternidad habrá obtenido la victoria. Son muchas las familias que se han sentado junto al lecho de muerte de un ser amado en un hospital, y han sentido el dolor y la agonía de la separación que se acerca. Han sentido la angustia incomparable de tener que tomar la decisión de quitarle a su ser amado las máquinas que lo mantienen artificialmente vivo, para permitir que se deslice hacia la eternidad. Pero en el cielo eso nunca volverá a suceder.

En el cielo tampoco habrá más pecado. ¡Qué pensamiento tan maravilloso! Es un lugar donde no seremos tentados a hacer algo errado. Tenemos la esperanza de llegar a un lugar donde el pecado y su destructora fuerza no tienen dominio alguno sobre nuestra vida.

Yo (Mel) nunca olvidaré el tiempo en que trabajé en un hospital psiquiátrico mientras estudiaba en el seminario. Escuché a un jovencito de dieciséis años decir que si no lo hubieran arrestado y metido en aquellas dependencias de alta seguridad, habría estado muerto en menos de seis meses. Sus hábitos con las drogas eran tales, que no se podía detener, aunque sabía que su estilo pecaminoso de vida lo mataría con toda certeza. Después, siendo pastor, he visto y oído muchos males horripilantes como este, que están destruyendo vidas todos los días. En cambio, en el cielo se habrá terminado el pecado.

El cielo es la realización

Ahora bien, en el cielo no hay solo una ausencia de aquellas cosas que nos causan dolor. Allí también nos encontramos con la presencia de todo lo que produce un gozo auténtico.

El cielo es tan grandioso, que el apóstol Pablo se sentía ansioso por llegar allí. «Porque para mí el vivir es Cristo, y el morir es ganancia». Hablaba del deseo que sentía de «partir y *estar con Cristo*, lo cual es muchísimo mejor» que todo cuanto hay en esta tierra (Filipenses 1:21, 23). ¡Qué gran esperanza! El concepto que tenía Pablo de la eternidad tenía sus raíces en la esperanza de la resurrección; de hallarse en la presencia del Señor Jesús resucitado. En su corazón no había absolutamente ningún temor. Sabía que el cielo lo estaba esperando para llenar al máximo su vida con la bondad de Dios.

El cielo es la presencia de todo lo que nos produce un gozo auténtico.

En el cielo viviremos el amor perfecto, y no hay nada que un ser humano anhele más que esto. Allí se habrá acabado la soledad, y solo habrá un amor puro más allá de toda descripción posible. Estaremos arropados en los amorosos brazos de Dios, y permaneceremos en ese amoroso abrazo suyo durante toda la eternidad.

> ¿Quién nos separará del amor de Cristo? [...] Estoy seguro de que ni la muerte, ni la vida, ni ángeles, ni principados, ni potestades, ni lo presente, ni lo por venir, ni lo alto, ni lo profundo, ni ninguna otra cosa creada nos podrá separar del amor de Dios, que es en Cristo Jesús Señor nuestro. (Romanos 8:35, 38-39)

El cielo también es un lugar de confraternidad. Disfrutaremos de la bendición de los amigos viejos y nuevos. Jesús dijo: «Y os digo que vendrán muchos del oriente y del occidente, y se sentarán con Abraham e Isaac y Jacob en el reino de los cielos» (Mateo 8:11). Piense en todos los héroes de la fe que conoceremos allí. Piense en lo que va a ser caminar con Sansón y decirle: «Enséñame tus bíceps». O sentarse con Moisés para preguntarle: «¿Qué estabas pensando cuando se abrió el mar Rojo?». O preguntarle a Josué: «¿Qué cara ponían tus enemigos cuando te les enfrentabas en la batalla?». Tenemos muchas cosas que preguntarle a Pedro: «Cuéntame lo del ángel que te sacó de la prisión», o «¿Cómo te sentías cuando desafiaste la gravedad y caminaste sobre el agua con Jesús?».

Además de los numerosos hombres y mujeres de la Biblia que han captado nuestra imaginación, estarán también nuestros propios héroes personales. Tal vez un abuelo que fue quien puso los cimientos de la fe en su familia. O un hijo suyo que pasó a la eternidad antes que usted. Allí podrá encontrar a todos los parientes antiguos de los que ha oído hablar a sus padres, sin haberlos podido conocer.

Podemos esperar una eternidad llena de esos amigos y parientes para los cuales nunca parecemos tener suficiente tiempo aquí en la Tierra. *Confraternidad*: va a haber mucha en ese lugar que llamamos cielo.

También se describe el cielo como un lugar de descanso. En el Apocalipsis, una voz grita desde el cielo: «Bienaventurados de aquí en adelante los muertos que mueren en el Señor». Y el Espíritu de Dios responde: «Sí [...] descansarán de sus trabajos, porque sus obras con ellos siguen» (14:13). Todo su arduo trabajo y su servicio a Dios en la Tierra terminarán en un descanso eterno. ¿Está cansado? ¿Se siente agotado? Todas las cosas que usted ha hecho para el Señor durante su vida, serán recompensadas en el cielo. Allí lo estará esperando el descanso.

Todas las cosas que usted haya hecho para el Señor en su vida, le serán recompensadas en el cielo.

Cuando lleguemos al cielo, lo sabremos todo, porque es un lugar de conocimiento pleno. «Ahora vemos por espejo, oscuramente; mas entonces veremos cara a cara. Ahora conozco en parte; pero entonces conoceré como fui conocido» (1 Corintios 13:12). ¿Hay algo que usted no sepa? ¡Entonces lo sabrá! Se lo puede preguntar a Aquél que lo creó. Puede conocer todas las cosas con un conocimiento perfecto cuando llegue al cielo, donde nuestra mente es abierta a la sabiduría de Dios.

El cielo es un lugar de grandes recompensas. El cristiano será allí reivindicado. Ha tomado la decisión de vivir bien y rectamente, y entonces será reivindicado ante todos los demás seres humanos. «Porque el Hijo del Hombre vendrá en la gloria de su Padre con sus ángeles, y entonces pagará a cada uno conforme a sus obras». (Mateo 16:27). Nuestra motivación para servir al Señor no es el premio, pero sí hay un premio: una corona de gloria y mucho, muchísimo más.

Seremos recompensados por todo lo que hagamos para el Señor. Por ese motivo Jesús nos ordenó: «No os hagáis tesoros en la tierra, donde la polilla y el orín corrompen, y donde ladrones minan y hurtan; sino haceos tesoros en el cielo» (Mateo 6:19-20). Nuestra mente no es capaz ni de imaginarse cuáles van a ser esos tesoros. Podemos pensar en las cosas más grandiosas que hay en el mundo, y no estaremos ni cerca siquiera de imaginarnos las riquezas del cielo.

Y por encima de todo, el cielo es un lugar donde veremos al Señor cara a cara. «Bienaventurados los de limpio corazón, porque ellos verán *a Dios*» (Mateo 5:8). El apóstol Juan nos dice esto con respecto al Señor: «Sabemos que cuando él se manifieste, seremos semejantes a él, *porque le veremos tal como él es*» (1 Juan

3:2). ¡Qué maravilloso será disfrutar de la presencia del Señor! ¿Qué podemos decir? Una cosa es levantar los ojos a los cielos para ver las obras de sus manos, y otra muy distinta es mirarlo directamente a Él, cara a cara, para ver su amor.

Solo un buen deseo

Podríamos continuar por un buen tiempo hablando de la esperanza de gloria y del lugar que llamamos cielo. Sin embargo, es necesario que le preste atención a esto: no todos verán el cielo. Es una dura realidad, pero no por eso es menos cierta. Hay quienes tienen una esperanza que *no pasa de ser* un buen deseo, porque no conocen al Señor resucitado.

Si algún mensaje es presentado con claridad en la Biblia, es el simple hecho de que aquellos que toman la decisión de tener una relación con Dios por medio de Jesucristo, van a pasar la eternidad con Él en el cielo, mientras que aquellos que decidan no tener esa relación con Dios por medio de Jesús, estarán separados de Él en el infierno.

Jesús abundó en este punto, hasta dejarlo muy claro: «De cierto, de cierto te digo, que el que no naciere de nuevo, *no puede* ver el reino de Dios» (Juan 3:3). También afirmó: «Yo soy el camino, y la verdad, y la vida; *nadie* viene al Padre, sino por mí» (Juan 14:6).

Pablo refuerza esta enseñanza de que Jesús es el único camino posible a la vida eterna con el Padre: «Porque hay un solo Dios, y *un solo mediador* entre Dios y los hombres, Jesucristo hombre» (1 Timoteo 2:5).

En el día del Juicio se revelará una clara división de la humanidad en dos partes. Estarán aquellos que han hecho la voluntad del Padre, y aquellos que fueron guiados por sus propios deseos. Jesús habla de la línea divisoria que los separa: «No todo el que me dice: Señor, Señor, entrará en el reino de los cielos, sino *el que hace la voluntad de mi Padre que está en los cielos*» (Mateo 7:21).

En la Biblia no escasean las palabras aterradoras que describen el destino de aquellos que permanecen en su pecado y pierden la vida eterna. Jesús nos advirtió: «Y si tu ojo te fuere ocasión de caer, sácalo; mejor te es entrar en el reino de Dios con un ojo, que teniendo dos ojos ser echado *al infierno, donde el gusano de ellos no muere, y el fuego nunca se apaga*» (Marcos 9:47-48).

También dijo:

> Enviará el Hijo del Hombre a sus ángeles, y recogerán de su reino a todos los que sirven de tropiezo, y a los que hacen iniquidad, y los echarán *en el horno de fuego; allí será el lloro y el crujir de dientes*. Entonces los justos resplandecerán como el sol en el reino de su Padre. El que tiene oídos para oír, oiga. (Mateo 13:41-43)

Parece extraño que aquellos que nunca acuden a la casa de Dios en la Tierra, quieran vivir con Él para siempre en el cielo.

Solo aquellos a quienes se les han perdonado sus pecados por medio de Jesucristo, y han nacido de nuevo por el Espíritu de Dios, verán el cielo. Lo que me asombra es que los que no son cristianos luchan contra este concepto, a pesar de que se trata de una decisión que ellos mismos han tomado. Parece bastante extraño que aquellos que nunca acuden a la casa de Dios en la Tierra, quieran vivir con Él eternamente en el cielo. La gente maldice el nombre de Dios aquí en la Tierra, pero siente que tiene el derecho de unirse a los santos para adorarlo alrededor de su trono por toda la eternidad.

Las personas que escojan deliberadamente el pecado en la Tierra, no entrarán en el lugar santo donde no hay pecado. Los que han rechazado a Cristo en la Tierra, no disfrutarán de su presencia en el cielo.

Jesús dijo:

> Porque no envió Dios a su Hijo al mundo para condenar al mundo, sino para que el mundo sea salvo por él. El que en él cree, no es condenado; pero el que no cree, ya ha sido condenado, porque no ha creído en el nombre del unigénito Hijo de Dios. (Juan 3:17-18)

Charles Spurgeon era un hombre muy elocuente. En uno de sus sermones explica cómo podemos saber dónde estará nuestra alma en la eternidad:

> Esto es algo que se puede saber enseguida. ¿Dónde siente deleite su alma en estos momentos? Lo que le hace sentir deleite profetiza cuál será su destino. Lo que usted haya escogido aquí, será su porción en la otra vida. Si aquí usted amaba el pecado, va a estar lleno de él hasta la garganta, y arderá a su alrededor como si fuera un fuego líquido. En cambio, si su deleite tiene que ver con su Dios, habitará con Él por toda la eternidad.

Spurgeon tiene razón: el tiempo que pasamos en la Tierra establece la dirección que llevaremos en la eternidad.

Esperanza para todos

Sin Jesucristo, el temor a la muerte es algo universal. No obstante, la esperanza de la resurrección a una vida eterna en el cielo es para todo aquel que quiera recibir a Cristo. Esta vida eterna no excluye a nadie: su posibilidad está abierta a todos. Porque todos los que invoquen el nombre del Señor, serán salvos.

El mensaje de la Pascua de Resurrección proclama que el Señor Jesús resucitado rescata a sus seguidores de los horrores de la muerte. No solo sobrevivimos a la muerte, sino que seremos sacados de ella. Se nos dará un cuerpo nuevo semejante al cuerpo resucitado de Jesús; un cuerpo con unos poderes nuevos, en los que ni siquiera podemos soñar.

Esta esperanza la tenemos en Cristo; no en nosotros mismos.

Y nuestra esperanza del cielo no se basa en nuestras capacidades, sino en la obra realizada por Cristo en la cruz, y en la obra del Padre en la resurrección. Por eso, esta esperanza es para todos: porque no tiene que ver con nosotros. Cristo es el que nos abre el acceso al cielo. Esta esperanza la tenemos en Cristo, y no en nosotros mismos. Él fue quien resucitó de entre los muertos para guiarnos a través de la vida, y eso nos produce una gran esperanza. El Dios omnisciente y omnipotente del universo va caminando con nosotros. ¿Cómo no habríamos de tener esperanza para el futuro, cuando es Dios mismo quien nos va guiando? ¿Cómo no podríamos conocer el gozo en la vida, si es Dios mismo quien camina con nosotros?

Siempre es posible saber quién conoce realmente al Señor. En esa persona hay una expectación llena de seguridad, y una esperanza llena de gozo que nunca serán decepcionadas.

Conclusión

NUNCA VOLVERÁ A SER COMO ANTES

Porque si fuimos plantados juntamente con él en la semejanza de su muerte, así también lo seremos en la de su resurrección.

Romano 6:5

Resurrección: ¡qué palabra tan alentadora! Es una palabra llena de esperanza; una palabra que inspira y llena de valentía a los que conocen a Jesucristo. Él es el Señor resucitado, al cual ha sido dada toda autoridad en el cielo y en la tierra. Y los que están en Cristo, están en buen lugar.

Después que usted ha sido ilustrado en cuanto a la naturaleza de la resurrección, le pedimos al Señor que se sienta retado a vivir de acuerdo con la nueva vida que recibió en el momento en que puso su fe en Cristo. Esa relación es la parte más importante de su vida. Si Jesús no hubiera resucitado de entre los muertos, no habría sido posible. Sin embargo, puesto que Él sí resucitó, esa relación es el núcleo mismo de lo que somos. Si usted no lo tiene a Él, no tiene nada.

Puesto que sabe que Él no quiere que usted perezca, sino que tiene unos propósitos importantes para su vida, no se satisfaga con menos. Jesús murió por sus pecados, resucitó y ahora le ofrece una vida abundante. No es algo que Él hizo en el pasado, sino algo que está haciendo ahora mismo en la vida de usted. Así que pídale al Espíritu Santo que examine su vida y vea si está viviendo la resurrección tal como Dios quiere que la viva.

¿Está realmente *vivo*, en el sentido eterno de la palabra? ¿Conoce el perdón de sus pecados por medio de Jesucristo, y está viviendo libre de sus garras? La muerte consiste en la separación con respecto a Dios; la vida consiste en permanecer en su presencia. ¿Puede usted decir que se encuentra en su presencia en estos mismos momentos, sin que haya nada que obstaculice esa relación? Si no lo puede decir, entonces haga que el poder de la resurrección actúe sobre su vida, pidiéndole a Cristo que venga a purificarlo de todo pecado. Ore y arrepiéntase de sus pecados, y pídale a Él que lo lleve ante la presencia del Dios todopoderoso.

¿Está usted experimentando una vida que no tiene nada de común y corriente?

¿Está viviendo una vida que no tiene nada de común y corriente? ¿Está viviendo de una manera tal que la gente ve a Cristo en usted, y haciendo aquello que no podría hacer por sus propias fuerzas? Si no es así, ¿por qué? No actúe como un simple mortal; viva la vida que Dios le ha dado como hijo suyo. Usted ha sido hecho partícipe de la naturaleza divina, y tiene capacidad para mucho más que el mundo que le rodea. No se deje limitar por sus capacidades personales, sino permita que el Cristo resucitado viva en poder a través de usted. Muera a sí mismo, y permita que la soberanía de Cristo sea total en su vida. Esta vida no tiene que ver con lo que usted pueda hacer por Dios, sino en lo que Él pueda hacer a través de usted. Cuando ore, dígale al Señor que le entrega su vida para que la use como Él quiera. Lo que usted desea es que su vida traiga gloria a Él.

¿Está experimentando la paz de la resurrección? Usted no tiene por qué vivir en medio de la culpa y la vergüenza, sino que puede experimentar la paz del alma con Dios. Cada vez que Satanás le recuerde su pasado, limítese a recordarle usted a él cuál va a ser su futuro. Cristo es el vencedor, y usted está libre. Si su pasado parece perseguirlo, impidiendo que siga adelante, deténgase a orar. Pídale al Señor resucitado que lo llene de su paz. Pídale que le confirme en su espíritu que usted ha sido totalmente perdonado, y que se encuentra en una relación correcta con Dios.

¿Está usted lleno del gozo del Señor? Jesús declaró expresamente en muchas ocasiones que su resurrección produce gran gozo. Aun en medio de las pruebas, usted puede tener un gozo que nadie le podrá quitar. Eso significa que no son las circunstancias las que controlan su corazón, sino que lo controla el Espíritu de Dios. Así que, si ha caído en la depresión, y ha perdido el gozo de su salvación, deténgase a orar. Pídale al Señor que haga lo que le prometió: que lo llene de su gozo. Pídale que haga que el gozo de Él se desencadene en su vida con una expresión visible, de manera que otras personas se sientan atraídas hacia Cristo, quien vive en usted.

¿Está viviendo con el poder de la resurrección? El poder que resucitó a Jesús de entre los muertos es exactamente el mismo poder que está obrando en la vida de usted. Aquellos aspectos de su vida que han estado muertos, ahora tienen vida. Su espíritu ha sido despertado, y usted tiene ahora la capacidad necesaria para conocer plenamente a Dios. Ese poder está obrando en usted para darle vida abundante.

Si siente que en la vida cristiana tiene que haber algo más que aquello que usted está experimentando... lo más probable

Ahora tiene la capacidad necesaria para conocer a Dios en toda su plenitud.

es que así sea. Y ese algo lo debe encontrar solo en una relación con Cristo. Pídale que le abra los ojos del espíritu para que vea todo lo que Él le tiene preparado. Manténgase en su presencia todo el tiempo que haga falta, hasta estar plenamente consciente de que la vida de Él se halla dentro de su propia vida.

¿Vive bajo la autoridad de Cristo? ¿Es su vida una vida digna del Evangelio? La vida que usted ha recibido, la debe compartir con los que le rodean, y aun siguen muertos en sus transgresiones y sus pecados. Cristo le ha entregado las llaves del reino de los cielos. Le ha encomendado el mayor de los poderes que hay en la Tierra: el poder del Evangelio. Compártalo con libertad, vívalo plenamente y haga partícipes a todas las personas del poder de la resurrección. Se nos van a pedir cuentas de lo que hayamos hecho con el Evangelio, así que pídale al Señor que use su vida para traer a otras personas a su Reino. No se contente con mirar las cosas a la distancia; métase en el juego. Pídale al Señor que le dé una oportunidad de participar en su gran plan de salvación.

¿Se mantiene fuerte y seguro en su caminar con Dios, y con sus raíces hundidas en Cristo, o se deja sacudir con facilidad por las circunstancias? La estabilidad, la fidelidad y la seguridad son las señales de alguien que camina con Cristo. Pídale a Dios que le muestre en qué ha estado confiando usted para tener estabilidad en la vida. Se podría tratar de su trabajo, su familia, su salud o sus talentos. Ninguna de esas cosas se puede comparar con la confianza puesta en Cristo de todo corazón. Si llega a estar consciente de que hay cosas que han reemplazado a Cristo como fundamento de su vida, pídale que le perdone. Pídale que reedifique su vida.

¿Está viviendo en la esperanza de su salvación, o aun le tiene miedo a la muerte? No debería existir temor alguno a la eternidad en el corazón de un creyente; lo que debería haber en él sería la segura esperanza de que todo lo que Dios nos ha prometido es *sí* en Cristo. Cuando eso sea cierto —cuando la eternidad se halle firmemente arraigada en su corazón—, las cosas insignificantes de la vida no lo podrán dominar. Esas cosas pequeñas son irrelevantes, comparadas con una recompensa eterna en los cielos, que durará para siempre.

¿Está experimentando la resurrección de Jesucristo en su vida diaria? Si realmente ha tenido un encuentro con Él, su vida no puede volver a ser como antes. Si usted es creyente, Él está dentro de usted. El Hijo divino de Dios lo llena con su presencia.

Nuestro mayor anhelo es que usted viva personalmente en el poder de la resurrección. Que no le queden más excusas... sino una clara evidencia de que ha estado con Jesús.

Le pedimos a Dios que el mundo, cuando mire hoy a la Iglesia, se sienta maravillado.

¿Dónde está, oh muerte, tu aguijón?
¿Dónde, oh sepulcro, tu victoria?
ya que el aguijón de la muerte es el pecado,
y el poder del pecado, la ley.
Mas gracias sean dadas a Dios, que nos da la victoria
por medio de nuestro Señor Jesucristo.
Así que, hermanos míos amados,
estad firmes y constantes,
creciendo en la obra del Señor siempre,
sabiendo que vuestro trabajo en el Señor
no es en vano.

1 Corintios 15:55-58